GOOD IDEAS

FOR ALTERNATIVE HOMES

GOOD IDEAS

FOR ALTERNATIVE HOMES

monsa

GOOD IDEAS FOR ALTERNATIVE HOMES
Copyright © 2016 Instituto Monsa de ediciones

Editor, concept, and project director
Josep María Minguet

Project's selection, design and layout
Patricia Martínez (equipo editorial Monsa)

INSTITUTO MONSA DE EDICIONES
Gravina 43 (08930)
Sant Adrià de Besòs
Barcelona (Spain)
Tlf. +34 93 381 00 50
www.monsa.com
monsa@monsa.com

Visit our official online store!
www.monsashop.com

Follow us on facebook!
facebook.com/monsashop

ISBN: 978-84-16500-36-9
D.L. B 21761-2016
Printed by Indice

INTRODUCTION

The architecture made from the second half of the 20th century onwards didn´t considered the respect for the environment, something that has resulted on a growing amount of waste and materials used in construction, little or not at all respectful with the environment. Unfortunately, some of the homes where we currently live are part of this regrettable legacy that has exhausted resources and has changed the physiognomy of the territory in which we grew up. It is a process of a huge ecological footprint due to the energetic overspending and to the low durability of what has been projected.

In response to this, energy efficiency and sustainable green standards have emerged in developed countries, in particular in the United States and Canada, such as LEED (U.S. Green Building Council, www.usgbc.org), LEED Canada (Canada Green Building Council, www.cagbc.org), BREEAM Canada (www.breeam.org), Cradle to Cradle C2C (www.mbdc.com) and Energy Star (www.energystar.gov). These are all useful and positive standards to create a new building culture.

This book explains this new direction in the construction of buildings. It has three parts with illustrative examples of several types of homes: prefabricated, rehabilitated, made with natural materials... The first part (the three Rs in the construction of a home which are Recycle, Reduce and Reuse) explains how we can reduce the amount of waste. The second one is dedicated to the new technologies in the house. The third part deals with ideas for alternative homes (cave houses, new houses on trees, camouflaged...). Following this philosophy, there are new architectonic trends being born, which precisely try to build with nature and not against it, and which try to make buildings pass as unnoticed as possible.

La arquitectura realizada a partir de la segunda mitad del siglo XX no tenía en cuenta el respeto por el medio ambiente, lo que ha resultado en una creciente cantidad de residuos y de materiales empleados en construcción poco o nada respetuosos con el entorno. Desafortunadamente, algunas de las viviendas donde vivimos a fecha de hoy forman parte de esta lamentable herencia, que ha agotado recursos y ha cambiado la fisonomía del territorio en el que crecimos. Un proceso de una enorme huella ecológica debido al derroche energético y a la escasa durabilidad de lo proyectado.

Seguramente para responder a ello, han aparecido en los países desarrollados, y en concreto en Estados Unidos y Canadá, estándares de eficiencia energética y construcción sostenible como LEED (U.S. Green Building Council, www.usgbc.org), LEED Canada (Canada Green Building Council, www.cagbc.org), BREEAM Canada (www.breeam.org), Cradle to Cradle-C2C (www.mbdc.com) o Energy Star (www.energystar.gov). Todos ellos, certificados hábiles y útiles para una nueva cultura de la edificación.

Este libro apuesta por continuar por esta vía en la construcción de nuevos edificios. Consta de tres partes con ejemplos ilustrativos de varios tipos de viviendas: prefabricadas, rehabilitadas, realizadas con materiales naturales... La primera parte (las tres R en construcción de una vivienda, que son Reciclar, Reducir y Reutilizar) explica cómo podemos reducir la cantidad de residuos. La segunda está dedicada a las nuevas tecnologías en el hogar. Y la tercera parte trata sobre ideas para hogares alternativos (casas cueva, en los árboles, camufladas...). Siguiendo esta filosofía, están naciendo corrientes arquitectónicas que tratan, precisamente, de construir con la naturaleza y no contra ella y que intentan que las edificaciones pasen lo más desapercibidas posible.

The "Three Rs" in the construction of a house

The current lifestyle predominant in the West produces ever-growing mountains of waste. This is also the case in the field of housing construction and demolition. In rehabilitation and reform works, but especially in the demolition of buildings, a huge amount of waste is generated. To combat this, we need to use the famous "three Rs": reduce, reuse and recycle.

The first and most important of the "three Rs" is to reduce, that is to minimize the amount of waste. Reducing means using materials that, after their useful life, will not become waste, something which is not always possible. This is where the other two Rs come into play. Although not everything is recyclable or reusable, many building materials can have a second life, such as earth, rubble, iron, concrete or wood. For this, it is essential to properly separate the waste onsite.

Las "Tres erres" en la construcción de una vivienda

El modo de vida actual produce montañas de residuos que no paran de crecer, y así es también en el ámbito de la construcción y demolición de viviendas. En las rehabilitaciones y reformas, y especialmente en los derribos de edificios, se generan una gran cantidad de residuos. Para combatirlos, es necesario recurrir a las famosas tres erres: reducir, reutilizar y reciclar.

La primera de las tres erres —y la más importante— es reducir, es decir, minimizar la cantidad de residuos. Reducir implica usar materiales que, una vez finalizada su vida útil, no se conviertan en un residuo, lo cual no siempre es posible. Aquí es donde entran en acción las otras dos erres. Aunque no todo es reciclable ni reutilizable, sí hay muchos materiales de la construcción que pueden tener una segunda vida (como la tierra, los escombros, el hierro, el hormigón o la madera). Para ello, es imprescindible que se realice una correcta separación de los residuos durante la obra.

Reduce

Reducir

The first and foremost of the "three Rs" is to reduce, that is to try to minimize the amount of waste. In the case of the construction sector, reducing means using natural materials. These are biodegradable materials and, therefore, may be returned to nature without any pre-treatment.

Another way to reduce the amount of waste is to choose more long-lasting products and materials. The longer it lasts, the longer it takes to become waste and to have to be replaced. In this sense, reducing is completely antagonistic to the "disposable" model.

La primera de las conocidas como «tres erres» es «reducir», es decir, intentar minimizar los residuos. En el caso del sector de la construcción, reducir equivale a usar materiales naturales. Al final de su vida útil, un material natural –que prácticamente no ha sufrido transformación y cuyo estado es, por tanto, parecido al que tenía en el medio natural– no se convierte en un residuo. Otra manera de reducir la cantidad de residuos es escoger productos o materiales más duraderos. Cuanto más tiempo duren, más tardarán en convertirse en residuos y en tener que ser sustituidos. En este sentido, reducir es totalmente antagónico al modelo del usar y tirar.

Thanks to its durability and strength, stone is a building material with a long useful life.

Por su durabilidad y fortaleza, la piedra es un material de construcción con una larga vida.

Some non-biodegradable materials, such as concrete, can take more than 100 years to decompose.

Algunos materiales no biodegradables, como el hormigón armado, pueden tardar más de cien años en descomponerse.

At the end of its useful lifetime, a natural material, which has barely undergone transformation and, therefore, its state is similar to that it previously has in the natural environment, does not become waste. Materials such as stone, wood that has been treated with non-toxic paint or varnish, straw or mud fall into this category.

Al final de su vida útil, todos los materiales biodegradables pueden ser devueltos a la naturaleza sin necesidad de ningún tratamiento previo. Materiales como la piedra, la madera que ha sido tratada con pinturas o barnices no tóxicos, la paja o el barro están dentro de esta categoría.

Reuse

Reutilizar

The second most important R is to reuse. This involves trying to get the most out of a material or product before it becomes waste. In the construction sector, this means completely retrieving those components that can have a new use or even the same one, but only with a minimal transformation process. There is also the more artistic option, which consists in making furniture or decorative objects with what for many is waste. For example, with a little skill and patience, you can make a shelf with leftover drywall.

La segunda en importancia es la R de «reutilizar». Consiste en intentar sacar el máximo provecho posible a un material o producto antes de que se convierta en residuo. En la construcción, se trata de recuperar aquellos elementos completos que puedan tener un nuevo uso o incluso el mismo, pero con un proceso de transformación mínimo. También existe una vertiente más artística, que consiste en hacer muebles u objetos decorativos con lo que para muchos es un desecho. Por ejemplo, con un poco de habilidad y paciencia, se puede hacer una estantería con cortes sobrantes de pladur.

With a little knowledge of carpentry, you can make furniture from old wood, such as these simple chairs.

Con unos pocos conocimientos de carpintería se pueden realizar muebles a partir de madera vieja, como estas sencillas sillas.

The frames of doors and windows, overlay flooring or floating flooring, tiles or even prefabricated concrete elements fall into the category of reusable materials. Most of these elements can be used in other constructions after carrying out some minor adjustments to them, provided that the base material is good quality and in good condition.

Los marcos de puertas y ventanas, los pavimentos sobrepuestos o flotantes, las tejas y los elementos prefabricados de hormigón entran en la categoría de reutilizables. La mayoría de estos componentes pueden ser usados en otras construcciones tras unas mínimas mejoras, siempre que el material de base sea de calidad y esté en buen estado.

Recycle

Reciclar

When generating waste is unavoidable, there is still the third R: recycle. Most construction waste is recyclable. However, it is essential to properly separate the waste onsite. Waste can be separated into three groups: inert, hazardous and non-hazardous.

Cuando no se puede evitar la generación de residuos, todavía queda la tercera R: «reciclar». La mayor parte de los residuos de obra son reciclables. Sin embargo, para ello es necesario llevar a cabo una correcta separación de los residuos en la misma obra. Estos se pueden separar en tres grandes grupos: materiales inertes, peligrosos y no peligrosos.

From among the inert materials, the most abundant is earth. If this is clean, it can be taken directly to its new use and, if not, it simply needs cleaning. Ceramic and concrete remains are crushed to obtain aggregate, which is used in road building or to make concrete. Iron can be melted and wood shredded to become chipping for biomass or a raw material for chipboard.

Non-hazardous waste that is not recyclable ends up in controlled landfills. And finally, hazardous waste, such as sheets of asbestos and cement sheets, are treated and stored in special containers.

Entre los materiales inertes, el más abundante es la tierra. Si está limpia, se puede llevar directamente a su nuevo uso y, si no, solo hay que limpiarla. Los restos de cerámica y hormigón se trituran para obtener un granulado que se usa en la construcción de carreteras o para hacer hormigón. El hierro se puede fundir y la madera, triturar para convertirse en astilla para biomasa o bien en materia prima para hacer aglomerado. Los residuos no peligrosos pero que no son reciclables se almacenan en depósitos controlados. Finalmente, los peligrosos son tratados y depositados en contenedores especiales.

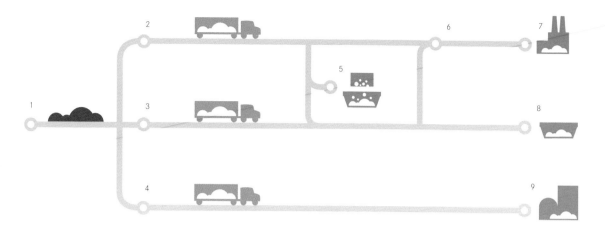

Management of construction waste

1. Waste
2. Inert
3. Non-hazardous
4. Hazardous
5. Recovery and recycling in the same center with a mobile plant
6. Plant (authorized manager)
7. Recovery and recycling in a waste-to-energy plant
8. Controlled landfill site
9. Processing and storage

Gestión de los residuos de obra

1. Residuos
2. Inertes
3. No peligrosos
4. Peligrosos
5. Recuperación y reciclaje en la misma obra con una planta móvil
6. Planta (gestor autorizado)
7. Recuperación y reciclaje en una planta de valorización
8. Depósito controlado
9. Tratamiento y almacenamiento

Tiles of cement and asbestos, now banned in many countries, are a hazardous waste because of their high toxicity, and should be removed by specialist companies.

Las placas de cemento y amianto (uralita), prohibidas ya en muchos países, son un residuo peligroso por su elevada toxicidad y deben ser retiradas por empresas especializadas.

HOUSE ON LAKE RUPANCO

Lake Rupanco, Chile

Beals Arquitectos
© Alejandro Beals

Natural materials: pine, mañío and ulmu wood.

Materiales naturales: pino, mañío y madera de ulmu.

Passive solar energy and cross ventilation.

Energía solar pasiva y ventilación cruzada.

Natural materials for a forest setting
Materiales naturales para un entorno boscoso

This house is located on the shores of Lake Rupanco in southern Chile. The region has a temperate climate with temperatures ranging from 9 °C to 18 °C. On the site there is a slope of almost 36 meters and views of the lake. The orientation of the house has been designed to take account of this incline in the terrain to make the house overlook the lake and take full advantage of the views. The main façade is glazed to create visual continuity with the lake and the surroundings. The rear wall is lost in a forest of native shrubs, myrtle and laurel.

There are a certain number of similarities between this residence and Reutter house designed by Matthias Klotz. The entrance is reached via a wooden walkway located on the top floor at the end of a path winding through the trees before finally arriving at the house. The density of the vegetation around the house offers a greater feeling of privacy.

The lack of good access to the site for machinery and the transportation of materials made the architects opt to use wood and hire local workers that were used to working with this material. Thus, the structure is made of pine. The outer walls are also pine, on this occasion impregnated and coated with carbolineum, following a technique used in rural areas in southern Chile to seal the wood and protect it from the persistent rain prevalent in the region. Carbolineum is a liquid substance obtained through the distillation of coal tar. The interior facings and flooring are of untreated mañío and ulmu wood respectively. The structure of the residence was based on the shapes and textures used in other buildings in the area, such as stables and granaries.

La residencia está situada a orillas del lago Rupanco, al sur del país. El clima de esta zona es templado, y sus temperaturas oscilan entre los 9 °C y los 18 °C. La parcela tiene una pendiente de casi 36 metros y vistas al lago. La orientación de la casa ha tenido en cuenta esta inclinación del terreno para situar la casa hacia el agua y aprovechar al máximo las vistas. La fachada principal es de cristal para crear una conexión visual con el entorno y con el lago. La fachada posterior se pierde en un bosque de arbustos locales, arrayanes y laureles.

Existen ciertas similitudes entre esta residencia y la casa Reutter de Matthias Klotz, una construcción de hace 20 años que ha servido de referente para este proyecto. La casa Reutter se asentaba sobre un terreno que presentaba un desnivel entre dos calles; sacando provecho de este condicionante, se situó en la cota superior el acceso a través de un puente, y la casa se ubicó entre los árboles para conseguir las mejores vistas. Beals Arquitectos siguieron esta idea y optaron por construir un acceso semejante a través de una pasarela de madera situada en un nivel superior, logrando independizar la construcción sin alterar el ecosistema. El terreno angosto con abundante arbolado y sotobosque dificultó las tareas de transporte de materiales y maquinaria durante la fase de construcción. Esto hizo que los arquitectos optaran por el uso de madera local, evitando la producción de CO_2 generada por el transporte y promoviendo de este modo la producción y mano de obra local. La estructura de la casa se construyó con madera de pino, que sirvió para resolver paredes y techos, tratados con carbolíneo, un aislante altamente eficiente para impermeabilizar la madera y protegerla de las intensas lluvias. Gracias a este sistema, se logra una alta capacidad de conservación de la energía y ventilación controlada dentro del edificio, evitando pérdidas innecesarias por el mal aislamiento de los cerramientos.

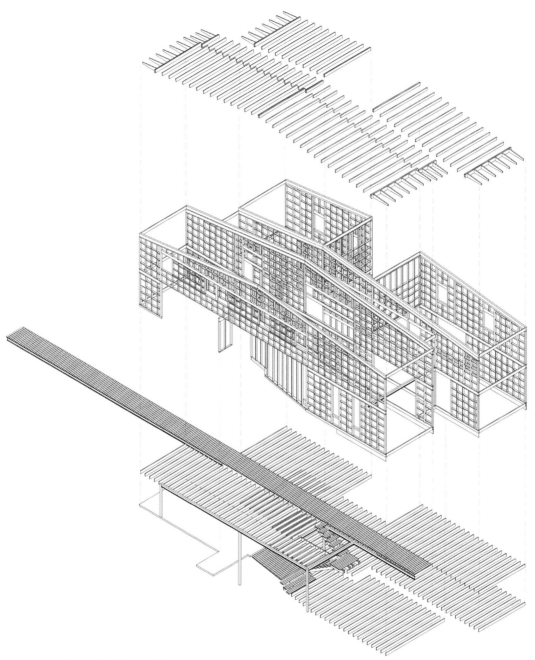

Axonometry / Axonometría

The interior of the house has an open plan layout. The wood cladding creates a warm, cozy atmosphere, in contrast with the humidity of the external surroundings. The metal and wood stairway suggests a lightness of structure, giving the feeling of more space in the communal areas.

La casa se adapta al terreno gracias a los diferentes niveles que la componen. El puente de madera que da acceso a la vivienda por detrás salva el desnivel de esta parte. La mayoría de las ventanas se sitúan alrededor de un patio semicerrado que posee una buena orientación para aprovechar al máximo el sol de las primeras horas.

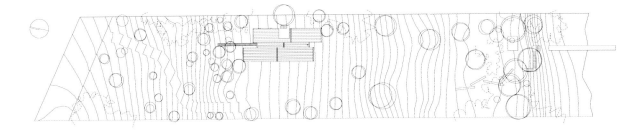

Site plan / Plano de situación

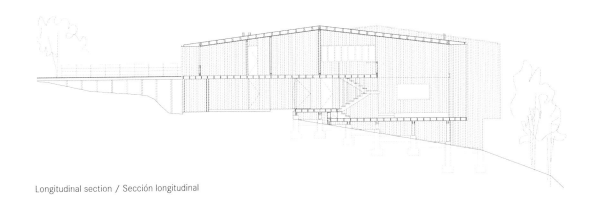

Longitudinal section / Sección longitudinal

The typical buildings of the local granaries and stables served as inspiration for the house design. The structure was built almost entirely in wood, except for specific metallic elements that were used to give the building greater stability. The house blends effortlessly into its leafy surroundings.

Las construcciones típicas de los graneros y los establos de la zona sirvieron de inspiración. La estructura se construyó casi íntegramente de madera, salvo algún elemento metálico que se utilizó para ganar estabilidad. El uso de madera y el tipo de construcción son dos de los elementos que definen la arquitectura. Cualquier método o sistema que reduzca emisiones de CO_2 es beneficioso para los ecosistemas.

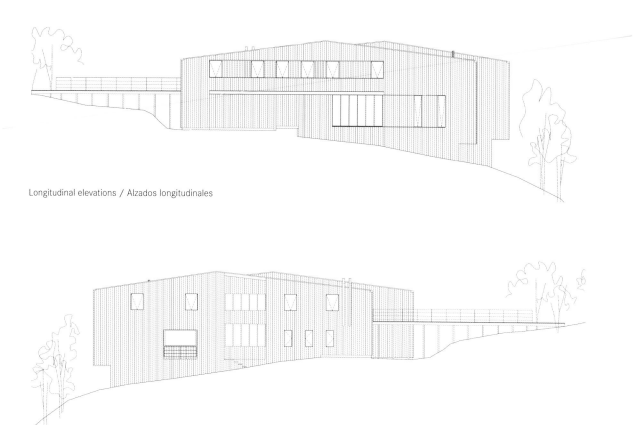

Longitudinal elevations / Alzados longitudinales

The elevations show how façades have more openings than others, this is because we have studied the orientation of the house to encourage natural light and ventilation. The section shows what is said in the text: the rear façade is very close to the forest, while the front façade enjoys views of the landscape.

Los alzados muestran cómo unas fachadas tienen más aberturas que otras; esto es porque se ha estudiado la orientación de la casa para favorecer la iluminación natural y la ventilación. En la sección se observa la proximidad al bosque de la fachada posterior, mientras que la anterior disfruta de vistas al paisaje.

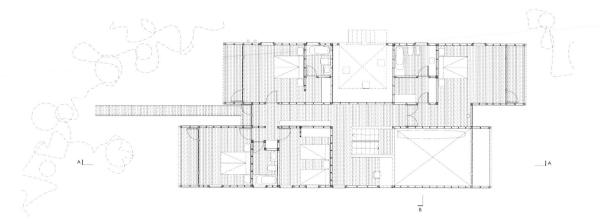

First floor / Primera planta

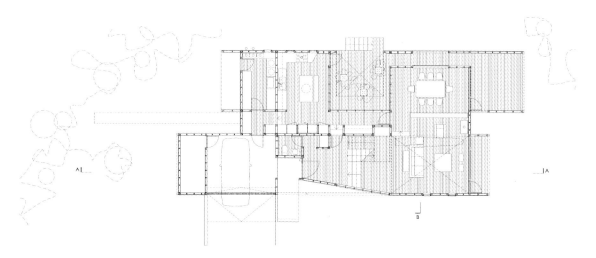

Ground floor / Planta baja

The plans indicate the double-height spaces. In these common use areas, there is a greater exchange of air that cools the interior.

Las plantas muestran los espacios donde existe doble altura. En estas zonas, de uso común, se produce un mayor intercambio de aire que refresca el ambiente.

The layout of the house program gives priority to the master bedroom and the day area, these being the two spaces with the best views. The double height of the day area enables more light to penetrate and makes the cross ventilation more efficient. On the eastern side, a garden separates the two bathrooms, ensuring that natural light reaches both rooms.

La distribución del programa de la vivienda da prioridad al dormitorio principal y a la zona de estar, los dos espacios con mejores vistas. En la fachada este, un jardín separa los dos baños, con lo que se consigue que la luz natural llegue a ambas estancias.

The house is adapted to the terrain thanks to its different levels. The wooden bridge providing access to the property at the rear crosses over the uneven ground on this side of the building. Most of the windows are arranged around a semi-closed deck that has a good aspect to take full advantage of the sun in the early hours of the morning.

La doble altura de algunas estancias ayuda a la ventilación cruzada. El aire caliente sube hacia la parte superior de la casa y, al escaparse por ventanas y otras aberturas, provoca el llamado efecto chimenea. Gracias a las variaciones en la densidad del aire frío y caliente se genera un intercambio de aire que refresca el ambiente.

HOUSE IN BORDEAUX

Bordeaux, France

Vincent Dugravier
© Vincent Dugravier

Use of sunlight, cross ventilation.

Aprovechamiento de la luz solar y ventilación cruzada.

Recycled materials that are locally sourced and adequate for maximizing hours of daylight.

Materiales reciclados, de origen local y adecuados para aprovechar la luz diurna.

Restoration with environmental awareness
Rehabilitación con conciencia ecológica

This original restoration has converted an old neglected garage into a comfortable family home, taking advantage of some simple passive systems to create a sustainable building. The original space consisted of two blocks: a warehouse with an area of 205 m² and a car port measuring 78 m². The architect decided to build a unique new volume that would take full advantage of the available sunlight. Savings are therefore achieved in lighting, and heat maximized. Furthermore, space was left for a garden that runs all the way round the house, oriented from north to south.

This façade, in translucent polycarbonate, allows for the direct recovery of the light that penetrates the house in the early hours of the morning and continues right round until sunset. When designing the house, cross ventilation was also taken into account, which is obtained thanks to the windows in the façade and the openings in the roof. Some of the materials used, such as the wooden frame and the outer walls, have been retained. The savings in materials and transport, both in terms of cost and CO_2 emissions, mean that reuse of part of the structure becomes an act of sustainability and environmental awareness. In keeping with this line of thought, other materials used have been sourced locally.

Despite the fact that the use of materials and the dimensions and height of the rooms respect a certain industrial style that impregnates the whole building, the decoration of the house is not at all cold. The choice of bright colors, modern furniture and the installation of parquet flooring upstairs has successfully created a warm atmosphere that is perfect for a young family.

Esta original rehabilitación ha convertido un antiguo y descuidado garaje en una confortable vivienda familiar, que se ha valido de unos sencillos sistemas pasivos para crear una construcción sostenible. El espacio original constaba de dos bloques, una nave de 205 m² y un aparcamiento de 78 m². El arquitecto decidió construir un volumen nuevo y único que recibiera la máxima incidencia de sol posible. De esta forma se consigue ahorro en luz y se aprovecha el calor. Además, se dejó espacio para un jardín que se extiende a lo largo de la casa, orientada de norte a sur.

Al margen de los sistemas de captación directa, como las ventanas, se optimiza la captación de energía a través de una fachada construida en policarbonato traslúcido que permite la recuperación directa de la luz, que penetra en la casa a primera hora de la mañana y no desaparece hasta la puesta de sol. Este tipo de dispositivos específicos, como galerías acristaladas, en las que la distribución de aire se hace creando un lazo convectivo óptimo, producen el denominado efecto invernadero y actúan como complemento energético a los dispositivos pasivos. Al diseñar la vivienda también se ha tenido en cuenta la ventilación cruzada y el efecto chimenea, que se consiguen con las ventanas de la fachada y las aberturas de la cubierta. Algunos de los materiales usados, como el esqueleto de madera y las paredes periféricas, se han conservado. El ahorro en materiales y transporte, tanto económico como emisiones de CO_2, hacen que la reutilización de parte de la estructura se convierta en un acto de sostenibilidad y de conciencia ecológica. Otros materiales utilizados son de origen local.

Los arquitectos se aseguraron de que los ambientes interiores tuvieran unas condiciones higrotérmicas adecuadas con el fin de que la energía acumulada durante el día se distribuyera por el espacio siguiendo un gradiente térmico óptimo. Se escogieron materiales de acabados sanos, que no desprendieran ninguna sustancia o cuerpo nocivo para la salud.

Restorations are also sustainable building systems. If some of the original building materials are used, savings are made in CO_2 emissions deriving from the manufacture and transportation of new materials. In addition, a lot of waste requiring treatment is not generated.

Las rehabilitaciones son sistemas de construcción sostenible, pues evitan generar muchos residuos que hay que tratar. La recuperación de piedras, maderas o revestimientos de las construcciones permiten ahorrar en transporte y emisiones de CO_2 y no se consumen recursos de manera incontrolada.

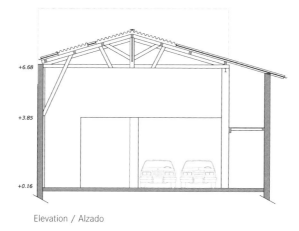

+6.68

+3.85

+0.16

Elevation / Alzado

The kitchen and dining room lead out to a veranda allowing the family to have their lunch outdoors when it is sunnier. The installation of translucent walls is one of the strong points in the house design, and was awarded the Architecture Prize for the City of Bordeaux.

La cocina y el comedor conducen a una terraza que permite a la familia almorzar al aire libre los días soleados. La instalación de paredes translúcidas es uno de los puntos más destacados del diseño de esta casa, galardonada con el premio de Arquitectura de la Ciudad de Burdeos.

The rooms in the house are distributed as follows: on the top floor are the communal areas (living room, kitchen, dining room and study). These spaces are joined together in a single area, without any partitions, so the family spends most of their leisure time together. The bedrooms, bathrooms and dressing rooms have been arranged downstairs. Thus, all the rooms have direct access to the patio.

Las estancias se han distribuido de la siguiente forma: en la planta superior se encuentran las zonas comunes (salón, cocina, comedor y estudio), sin separaciones, con lo que la familia comparte sus momentos de ocio; los dormitorios, los baños y los vestidores se han dispuesto en el piso inferior. Todas las habitaciones tienen salida directa al patio.

Elevation / Alzado

The old warehouse occupied the complete site. Some new metal beams support part of the new façade, which was created to take full advantage of the natural light. The restored building is set within the grounds of the former site occupied by the old garage. A patio has been saved as a future garden and play area for the children.

El edificio rehabilitado se enmarca en el entorno del antiguo solar ocupado por el viejo garaje. Se ha dejado un patio que favorece el paso de las corrientes de aire. La antigua nave ocupaba toda la parcela, pero se decidió derruir solo una parte de la cubierta y aprovechar la antigua fachada para delimitar la zona de un futuro jardín y zona de juegos para los niños. Unas nuevas vigas de metal soportan parte de la fachada de la casa.

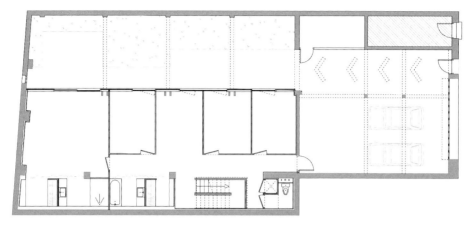

First floor / Primera planta

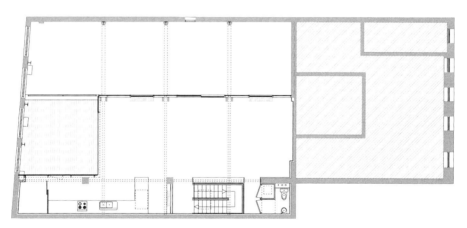

Ground floor / Planta baja

The floor plans show the outline of the old construction and the new areas. Part of the building has been converted into an outdoor patio.

Los planos de las plantas muestran el perímetro de la antigua construcción y las zonas nuevas. Parte de la nave se ha reconvertido en un patio exterior.

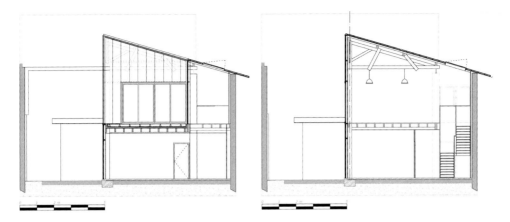

Cross sections / Secciones transversales

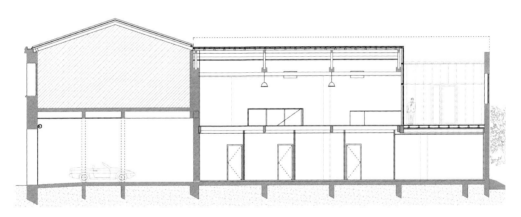

Longitudinal section / Sección longitudinal

The section shows the distribution of the rooms in the house: garage area, bedrooms, lounge and balcony of the upper floor.

La sección muestra la distribución de las estancias de la casa: zona del garaje, dormitorios, salón y el balcón de la planta superior.

VILLA LÅNGBO

Långholmen, Finland

Olavi Koponen
© Jussi Tianen

Recyclable materials and locally sourced wood.

Materiales reciclados, como chapa y guijarros, y madera de uso local (pino y abeto).

Transportation of the materials using animals, and manual construction.

Transporte animal de los materiales. Construcción realizada a mano.

A refuge in nature with minimum intervention
Un refugio en la naturaleza con una mínima intervención

Finland is located in the northeast of Europe and nearly a quarter of the country lies to the north of the Arctic Circle, which determines its climate. Its geographic location, between the 60th and 70th parallel in the northern hemisphere and in a region with a coastal climate typical of the European continent, is the most important factor determining its meteorology. This area typically has the features of a maritime or continental climate, depending on the origin of the air currents at any given moment. Southern Finland is washed by the Baltic Sea. The rugged southwestern coastline is repeated on the Finnish archipelago, which has over 80,000 islands, with the island of Kemiö being one of the largest. Villa Långbo is located on the western tip of the island and is exposed to the prevailing winds. The house lies on the edge of the forest and is partially visible from the sea. However, its occupants can enjoy exceptional views of the sea from any the rooms.

It is in this environment that it was decided to build a house that would have minimal effect on the ecosystem. Its peculiar location means that the house is not always accessible, it being necessary to approach it by boat in the summer months and on skis during the winter. This restricted access protects the natural environment, which is less traveled and consequently not so polluted. The idea of minimum intervention also affects the transportation of materials, which was done using horses in the wintertime, and the building techniques, since the residence was built by hand, without the use of heavy machinery. All the materials can be recycled and the wood comes from local sources.

Finlandia está situada en el extremo nororiental de Europa y casi una cuarta parte de su superficie está al norte del círculo polar ártico, lo que condiciona su clima. Su situación geográfica, entre los paralelos 60 y 70 de latitud norte, y en la región de clima costero del continente, es el más importante de los factores que determinan su meteorología. Esta zona se caracteriza por presentar rasgos de clima marítimo o continental, según el origen de las corrientes de aire en cada momento.

El sur de Finlandia está bañado por el mar Báltico. La irregular costa suroeste se repite en el archipiélago finlandés, que tiene más de 80.000 islas, de las cuales Kemiö es una de las de mayor extensión. La Villa Långbo está emplazada en el extremo oeste de la isla y está expuesta a los vientos dominantes. La casa se sitúa en el límite del bosque y es parcialmente visible desde el mar. Sin embargo, desde cualquier estancia de la vivienda los ocupantes pueden disfrutar de unas excepcionales vistas al mar.

En este ambiente es donde se decidió construir una vivienda que afectara lo menos posible al ecosistema. Su particular ubicación hace que el acceso a la casa no siempre sea posible; debe hacerse en bote durante los meses de verano y sobre esquís en invierno. Esta accesibilidad limitada protege el entorno natural, que es menos transitado y por lo tanto menos contaminado. La idea de mínima intervención afectó también al transporte de materiales, que se hizo con caballos durante los meses de invierno, y a las técnicas de construcción, pues la residencia se edificó a mano, sin utilizar maquinaria pesada. Todos los materiales son reciclables y la madera es de origen local.

The house cannot be inhabited all the time: some areas are located outside and are exposed to the elements. The structure is very simple and the spaces were individually designed in keeping with the lighting available. The aim was to blur the boundaries between the inside and outside of the building. A striking feature is the glazed section and a fireplace that can be used from the inside of the building and also from a covered porch.

La casa no siempre se puede habitar; algunos de sus espacios son exteriores y está expuesta a las inclemencias del tiempo. El ambiente interior está pensado para mantener las condiciones óptimas de temperatura, humedad, movimiento y calidad del aire. De este modo, los cerramientos conservan un aislamiento térmico del exterior mediante la eliminación de hornacinas y la utilización de capialzados y carpinterías compactas, así como de vidrios de alta hermeticidad.

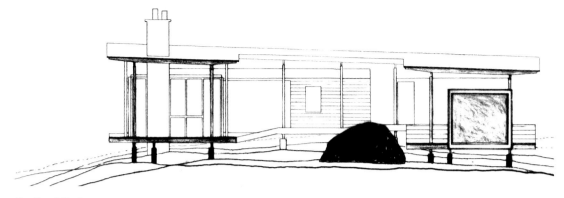

Elevation / Alzado

The house was built on a wooden platform leveling out the ground without the need to act upon the land itself. The roof of the residence extends beyond the perimeter of the building and provides shelter from the sun and rain. The material, which is a sheet of corrugated steel, is easy to transport and recycle.

La casa se ha construido sobre una tarima de madera que nivela el suelo sin necesidad de actuar sobre el terreno. La cubierta de la residencia sobresale del perímetro de los volúmenes y proporciona refugio del sol y de la lluvia. El material, una plancha de acero corrugado, es fácilmente transportable y reciclable.

The presence of wood integrates the house in its wooded surroundings. The different textures of wood used, such as the tiling for some of the wools and the regular slats for the floor supporting the structure, break up the monotony of the building and turn it into a highly original, cozy refuge.

La presencia de madera de pino y de abeto, toda de origen local, genera diferentes texturas. El aislamiento se ha conseguido con materiales como la lana de roca y paneles de celulosa. Estos materiales no contienen ningún tipo de plástico en su composición.

The structures forming part of the house are all separate: it is necessary to step outside to move around the house. This feature responds to a wish to break up the boundaries between the in- and outside. The glazed walls of the living area and the existence of covered porches reinforce this idea.

Las paredes acristaladas del salón y la existencia de porches cubiertos rompen los límites entre interior y exterior. Además de la chimenea, la casa utiliza una bomba de calor para la calefacción de los interiores. Este sistema es más eficiente que la calefacción eléctrica anterior.

Technology

New technologies are today increasingly present in homes and are they are here to stay. The most advanced version of new technologies in the home is the digital home or home automation. This not only facilitates many everyday tasks, but it also makes a home more efficient, reducing energy and water consumption.

However, other technologies in the home, such as lawnmowers or outdoor gas heaters, consume a lot of energy whilst also releasing carbon dioxide into the atmosphere. Also, technology conceals invisible dangers. Some electronic devices, like other elements around the home, are sources of electromagnetic pollution that can affect our health. Homes, as well as being liveable and sustainable, must also be biocompatible.

Tecnología

Las nuevas tecnologías están cada vez más presentes en los hogares y han venido para quedarse. La versión más avanzada de la implantación de las nuevas tecnologías en la vivienda es el hogar digital o domótico. Este no solo facilita muchos quehaceres del día a día, sino que también es una herramienta que hace del hogar un lugar más eficiente, reduciendo los consumos de agua y de energía.

Sin embargo, otros elementos tecnológicos presentes en la vivienda, como la cortacésped o las estufas para exteriores de gas, implican un gran consumo de energía a la vez que emiten dióxido de carbono a la atmósfera. Además, la tecnología también esconde amenazas invisibles. Ciertos aparatos electrónicos, al igual que algunos elementos del entorno de la vivienda, son una fuente de contaminación electromagnética que puede afectar a la salud de las personas. Los hogares, además de habitables y sostenibles, deben ser biocompatibles.

Home automation

El hogar digital o domótico

The concept of home automation refers to the automation and control of different installations and equipment in a home, such as the lighting, air conditioning, blinds, awnings, irrigation systems and so on. For example, an automated home can have a programme called "Good Morning" that is activated at the push of a button and which would automatically open all the blinds, awnings and windows in the home.

El concepto de domótica se refiere a la automatización y el control de las distintas instalaciones y equipos que conforman una vivienda, tales como la iluminación, la climatización, las persianas, los toldos, el sistema de riego y un largo etcétera. A modo de ejemplo, en el hogar digital o domótico puede existir un programa llamado «buenos días» que se activaría con tan solo pulsar un botón y con el cual se subirían automáticamente todas las persianas de casa, se bajarían los toldos y se abrirían las ventanas.

The most successful digital devices are those related to security, whether these are fire or burglar intruder prevention systems.

Los dispositivos digitales con mayor éxito son los relacionados con la seguridad, ya sean antiincendios o antirrobo.

Blinds, windows and awnings are just some of the elements in a home that can be automated. These elements and installations can be controlled by various devices. The most common way is via portable or fixed terminals or via the TV remote control. They can be controlled remotely from outside the house by using a mobile phone or a computer with Internet connection. Remote control allows, among other things, friends and family to be let in without needing to have someone at home.

Las persianas, las ventanas y los toldos son solo algunos de los elementos de una vivienda que se pueden automatizar. El control de todos estos equipos e instalaciones se puede efectuar mediante varios dispositivos. Lo más habitual es hacerlo a través de terminales, ya sean portátiles o fijos, o bien a través del mando a distancia del mismo televisor. Para ejercer un control remoto desde fuera de la vivienda, basta un teléfono móvil o un ordenador con conexión a internet. El control remoto permite, entre otras cosas, dejar entrar a un conocido o a un familiar sin estar en casa.

Weather stations give the digital home the information it needs to know, for example, if the awnings should be closed because it is too windy, if it is necessary to lower the blinds because a storm is on its way, or it is time to irrigate.

Las estaciones meteorológicas proporcionan al hogar digital o domótico la información necesaria para saber, por ejemplo, si hay que plegar el toldo porque hace demasiado viento, si es necesario bajar las persianas porque se avecina una tormenta o si ya es hora de regar.

Devices that monitor water consumption and energy (like electricity meters) provide information on the actual consumption of the house, which allows you to take actions to reduce it.

Los dispositivos que monitorizan el consumo de agua y energía (como los contadores eléctricos) proporcionan información sobre el consumo real de la vivienda, lo que permite adoptar medidas orientadas a reducirlo.

Different control devices are available. The most common are fixed terminals, which are often located in the living room.

Existen distintos dispositivos de control. Los más habituales son los terminales fijos, que se suelen ubicar en la sala de estar.

The lawnmower

El cortacésped

The choice of lawnmower depends largely on the characteristics of a garden, particularly its size. From an ecological perspective the best option is the manual lawnmower, which does not require any power source other than human force. If you choose a lawnmower with a motor, this should preferably be electrical, since these models are much less polluting than their petrol counterparts. And, of all the models available, the least environmentally friendly ones are self-propelled lawnmowers, which look like little tractors. These devices are highly polluting, more so than any car travelling at full speed.

La elección de la máquina cortacésped depende, en gran medida, de las características del jardín, especialmente de su tamaño. Desde el punto de vista ecológico, la mejor opción son las manuales, que no requieren de energía alguna, aparte de la fuerza humana. En caso de escoger un cortacésped con motor, es preferible que funcione con energía eléctrica, puesto que estos modelos son mucho menos contaminantes que los de gasolina. De todas, la opción menos ecológica son los cortacéspedes autopropulsados, aquellos que parecen cochecitos. Estos aparatos son altamente contaminantes, más que cualquier coche circulando a toda velocidad.

There are robotic lawnmowers on the market powered by solar energy, such as this one by the brand Husqvarna. These devices are fully automated; you just have to program them. Most are hybrid systems and, in addition to having solar panels on the top, can also be plugged into the mains.

En el mercado existen robots cortacésped automáticos que funcionan con energía solar, como este de la firma Husqvarna. Estos aparatos trabajan de manera totalmente independiente; solo hay que programarlos. La mayoría de ellos son sistemas híbridos y, además de poseer placas solares en la parte superior, también se pueden conectar a la red eléctrica.

Although they are more powerful than electric lawnmowers, petrol lawnmowers are also more polluting.

Aunque son más potentes que los eléctricos, los cortacéspedes que funcionan con gasolina son también más contaminantes.

Electric self-propelled lawnmowers are more efficient than petrol ones and less polluting. Their main drawback is the need for a cable to power the motor, which hinders mobility.

El cortacésped eléctrico es más eficaz que el de gasolina y menos contaminante. Su mayor inconveniente es la necesidad del cable para alimentar el motor eléctrico, lo que restringe su movilidad.

Manual lawnmowers require a greater physical effort to be made by the person operating them, but they do not consume energy, so they are the greenest option.

Los cortacéspedes manuales exigen un mayor esfuerzo físico por parte de quien los maneja, pero no consumen energía, así que son la opción más ecológica.

Self-propelled lawnmowers are very comfortable, but also more expensive and polluting. From an environmental point of view, these models are the worst option, and they are only recommended for large expanses of lawn.

Los cortacéspedes autopropulsados son muy cómodos, pero también más caros y contaminantes. Desde el punto de vista ecológico, son la peor opción y solo son aconsejables para grandes superficies de césped.

Outdoor heaters

Estufas para exteriores

Patio heaters are energy guzzlers. Owing to their function, they directly expel heat outdoors and, therefore, are very energy inefficient. Most run on gas, a non-renewable resource. But the worst part is that, in general, they are not equipped with filters to reduce the greenhouse gases produced by burning fuel.

One possible alternative to gas heaters are electric ones which release radiant heat. Unlike gas heaters, these devices do not burn any fuel, so they do not release carbon dioxide into the atmosphere.

Las estufas de terraza son grandes derrochadoras de energía. Por su naturaleza, expulsan directamente el calor al aire libre y, por tanto, son de una gran ineficiencia energética. La mayoría funciona con gas, un recurso no renovable, pero la peor parte es que, en general, no están equipadas con filtros para reducir los gases de efecto invernadero que producen al quemar combustible. Una posible alternativa a las estufas de gas son los modelos eléctricos, que emiten calor radiante. A diferencia de los de gas, estos aparatos no queman ningún combustible, así que no emiten dióxido de carbono a la atmósfera.

Although there are electric heaters, the most environmentally friendly option of all is to have no heater and to wrap up a little more if you want to enjoy the garden or terrace in winter. A good blanket can be a great help to keep you warm.

Al margen de las estufas eléctricas, la opción más ecológica de todas es no tener ninguna estufa y abrigarse un poco más si se quiere disfrutar del jardín o terraza en invierno. Una buena manta puede ser de gran ayuda para combatir el frío.

The least polluting option are electric heaters, which release radiant heat and do not burn fuel. On the other hand, electricity is always safer than gas, yet also more costly.

La opción menos contaminante son las estufas eléctricas, que emiten calor radiante y no queman ningún combustible. Por otro lado, la electricidad siempre es más segura que el gas, aunque también es más cara.

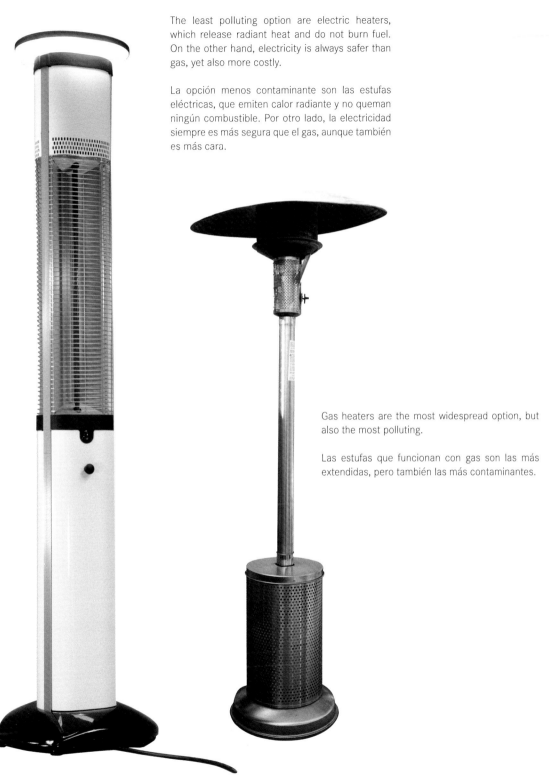

Gas heaters are the most widespread option, but also the most polluting.

Las estufas que funcionan con gas son las más extendidas, pero también las más contaminantes.

Electromagnetic pollution

La contaminación electromagnética

The home is like a second skin for people, a refuge. However, homes often conceal unseen threats that are harmful to our health. Materials used in building, as well as paint, greatly affect the degree of health or biocompatibility of a building. For this reason, it is recommended that materials and paints to be as natural as possible.

El hogar es como una segunda piel para las personas, un refugio. Sin embargo, muchas veces las viviendas esconden amenazas invisibles que son perjudiciales para la salud. Los materiales empleados en su construcción, junto con las pinturas, repercuten en gran medida en el grado de salubridad o biocompatibilidad de una edificación. Por este motivo es recomendable que los materiales y las pinturas sean lo más naturales posibles.

The outdoor environment also conceals hidden dangers. Electromagnetic pollution caused by power lines and mobile phone or telecommunications masts is the most notorious. However, nature also has its own threats. Experts in the field advise that geobiological studies be conducted prior to constructing a building to analyze possible sources of pollution emanating from the ground. These studies are particularly desirable in areas where there are faults and underground streams, owing to the toxicity of radon gas.

También el ambiente exterior esconde sus trampas. La contaminación electromagnética debida a las líneas de alta tensión o las antenas de telefonía móvil o de telecomunicaciones es la que más mala fama tiene. No obstante, la naturaleza tiene también sus propias amenazas. Los expertos en este campo recomiendan realizar estudios geobiológicos previos a la construcción de una edificación para analizar posibles fuentes de contaminación que emanen del suelo. Estos estudios son especialmente aconsejables en zonas donde hay fallas o cursos de agua subterránea, por la toxicidad del gas radón.

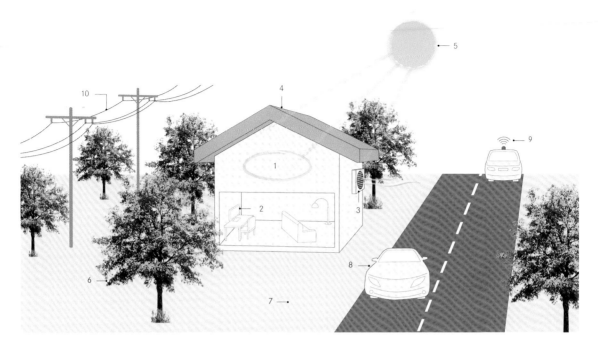

Decalogue for a biocompatible home

1. **Quality of the inside air:** It is a good idea to change the air inside the house frequently to avoid chemical substances that may be harmful to the occupants' health.
2. **Electrical systems:** Avoiding radiation from Wi-Fi networks and from certain electronic equipment is recommendable.
3. **Equipment maintenance:** Without proper maintenance, some equipment, such as air conditioning units, can be a hotspot for the cultivation of bacteria, fungi and other microbes.
4. **Biocompatible materials:** Materials must promote the health of inhabitants, be breathable, have low radioactive emissions and no toxic chemical compounds.
5. **Daylighting:** Sunlight is important to benefit from the anti-bacterial and purifying properties of sunlight and to prevent vitamin D deficiency.
6. **Positive effects of vegetation:** The quality of the outdoor air is better if there are wooded or forest areas, or parks with abundant vegetation nearby.
7. **Geological radiations:** Before building, it is a good idea to study the energies emanating from the ground and avoid areas with high terrestrial radiation resulting from the toxicity of radon gas.
8. **Site of the house:** When choosing the site, bear in mind the nearby sources of environmental pollution, such as industry or busy streets.
9. **Noise pollution:** Noise can cause serious negative psychological effects and other physiological problems, and, in the most serious cases, may damage our hearing.
10. **Electromagnetic pollution:** Keep a distance from sources of electromagnetic pollution such as power lines or mobile phone masts.

Decálogo de una vivienda biocompatible

1. **Calidad del aire interior:** Conviene renovar el aire interior de la vivienda con frecuencia y evitar las sustancias químicas que puedan ser perjudiciales para la salud.
2. **Equipos electrónicos:** Es aconsejable evitar las radiaciones provenientes de la red eléctrica, de determinados aparatos electrónicos o, incluso, de las redes inalámbricas.
3. **Mantenimiento de los equipamientos:** Sin un mantenimiento adecuado, ciertos equipos, como el aire acondicionado, pueden ser caldo de cultivo de bacterias, hongos y otros microbios.
4. **Materiales biocompatibles:** Los materiales deben propiciar la salud de los moradores, ser transpirables, presentar baja emisión radioactiva y no contener compuestos químicos tóxicos.
5. **Iluminación natural:** La luz solar es importante para beneficiarse de los efectos bactericidas y purificadores de los rayos del sol y para evitar carencias de vitamina D.
6. **Efectos positivos de la vegetación:** La calidad del aire exterior es superior si en las cercanías de la vivienda hay zonas arboladas o boscosas o parques con vegetación abundante.
7. **Radiaciones geológicas:** Antes de construir, conviene estudiar las energías que emanan del suelo y evitar las zonas de intensa radiación terrestre debido a la toxicidad del gas radón.
8. **Emplazamiento de la vivienda:** En la elección del emplazamiento hay que tener en cuenta las fuentes cercanas de contaminación ambiental, como industrias o calles muy transitadas.
9. **Contaminación acústica:** El ruido puede provocar efectos psicológicos negativos y otros efectos fisiopatológicos y, en los casos más graves, daños en el sistema auditivo.
10. **Contaminación electromagnética:** Hay que evitar la proximidad a fuentes de contaminación electromagnética, como líneas de alta tensión o antenas de telefonía móvil o de telecomunicaciones.

Human activity is another major source of pollution that directly affects the quality of the air surrounding a building. In this sense, it is best to avoid areas with busy streets or near to roads or industries. An ideal location is one with abundant vegetation in the vicinity.

If no other site is available, you can arrange and organize the house taking these sources of pollution into account. To do this, you must bear in mind that bedrooms need the most protection, as this is where you pass the greatest number of hours.

And we must not forget the interiors of homes. Homes contain many different threats, but most are an essential part of today's lifestyle. Experts recommend that, at the very least, we should avoid placing radio alarm clocks, phones or sockets by our bedside tables.

La acción humana es otra gran fuente de contaminación que afecta directamente a la calidad del aire que rodea una edificación. En este sentido, es mejor evitar las zonas con calles muy transitadas o bien próximas a carreteras o industrias. Con todo, el emplazamiento ideal es aquel con zonas de vegetación abundante en las cercanías.

Si no hay otro emplazamiento posible, se puede orientar y organizar la vivienda en función de estas fuentes de contaminación. Para ello, hay que tener en cuenta que la estancia que precisa de mayor protección es el dormitorio, que es donde se pasa un mayor número de horas.

Y no hay que olvidar el interior del hogar. En él, las posibles amenazas son múltiples, pero la mayoría son parte integrante del modo de vida actual. Los expertos recomiendan, al menos, evitar radio-despertadores, móviles o enchufes en la mesilla de noche.

Some studies have found that people living in areas with abundant vegetation live some five and a half years longer than those living in areas with little or no vegetation.

Algunos estudios han constatado que las personas que habitan en zonas con vegetación abundante viven unos cinco años y medio más que los que residen en zonas degradadas o sin vegetación.

The noise pollution a home is subject to also adversely affects our health.

La contaminación acústica a la que está sometida una vivienda también afecta negativamente a la salud de las personas.

The site of a house is one of the most important factors to consider before building or buying. If possible, you should avoid areas near sources of pollution.

La elección del emplazamiento de la vivienda es uno de los factores más importantes que deben tenerse en cuenta antes de construirla o comprarla. A poder ser, es aconsejable evitar aquellas zonas cercanas a fuentes emisoras de contaminación.

LAKE HOUSE

Marmora, Canada

UCArchitect
© UCArchitect

Passive systems: reinforced insulation, cross ventilation.

Sistemas pasivos: aislamiento reforzado, ventilación cruzada.

Respect for the terrain and the environment, and preservation of the local vegetation.

Respeto por el terreno y el entorno, y preservación de la vegetación.

Simplicity and harmony for a house in equilibrium with its surroundings
Sencillez y armonía para una casa en equilibrio con el entorno

This small retreat was built in Peterborough, near the town of Marmora, close to the US border. The house is almost impossible to see from the lake but there is a perfect view of it from the access road. The house has spectacular views of the lake. It is surrounded by dense vegetation, with the predominance of trees such as pines, cedars and other local species. With respect to the structure of the house one of the main features is a wooden L-shaped screen, which marks the entrance and generates a wrap-around deck on the outside of the building. Furthermore, a very important link has been set up between the in- and outside areas of the house. Apart from having scenic views, this relationship is accentuated by the existence of skylights, roof overhangs and large openings instead of traditional windows. In winter these afford views of the exterior without it being necessary to go outside and brave the weather, and in the summertime the openings blur the boundaries between the inside of the house and the vegetation outdoors. The house is accessed by means of a stairway, built on piles so as to avoid the need to alter the terrain any more than really necessary.

Various strategies are used to enhance sustainability, particularly of a passive nature, which make it posible to ensure that the house is well insulated by harnessing nature itself, i.e. wind, sun, etc. One of the most significant is the use of cross ventilation. Studying the air currents and openings means that adequate ventilation can be achieved that keeps the house cool in summer without the need to install HVAC equipment. Reinforcing the insulation is another of the strengths of this building. The cold winter climate means that there is a greater difference in temperature between the in- and outside of the house, which makes it necessary to prevent the heat from escaping. The use of passive solar power is another system used in the house. The openings and skylights provide good lighting.

Este pequeño refugio se ha construido en el paraje de Peterborough, cerca de la ciudad de Marmora, cercana a la frontera con Estados Unidos. La situación de la casa queda casi oculta a la vista desde el lago, pero se distingue a la perfección desde el camino de acceso. La casa tiene unas vistas espectaculares al lago. Está rodeada de abundante vegetación, entre la que destacan árboles como los pinos, los cedros y otras especies locales. De la estructura de la residencia cabe destacar una pantalla de madera en forma de L. Además, se ha generado una unión muy importante entre el interior y el exterior. Esta relación se acentúa gracias a la existencia de claraboyas, aleros y grandes aberturas, que sustituyen a las tradicionales ventanas. En invierno permiten contemplar el exterior sin sufrir las inclemencias del tiempo y en verano las aberturas diluyen los límites entre el interior de la casa y la vegetación exterior. Unas escaleras permiten el acceso a la vivienda, construida sobre pilares para evitar modificar excesivamente el terreno, lo que podría provocar alteraciones en el entorno natural.

Las estrategias de sostenibilidad utilizadas son varias, sobre todo de tipo pasivo, que son las que permiten una buena climatización de las viviendas aprovechando la propia naturaleza: viento, sol, etc. Una de las más importantes es la ventilación cruzada. El estudio de las corrientes de aire y de las aberturas consigue una ventilación adecuada que refresca la casa en verano sin necesidad de instalar aparatos de aire acondicionado. El refuerzo de los aislamientos es otro de los puntos fuertes con los que cuenta esta construcción. El clima frío del invierno hace que la diferencia térmica entre el exterior y el interior de la casa sea más elevada, con lo que es necesario evitar fugas de calor. Para esto se ha utilizado un aislamiento Batt de gran grosor, con barrera de vapor.

The flooring in the house is made of concrete, a material that acts to reinforce the radiation from the ground, since it possesses a large amount of thermal inertia—it stores heat during the hours of sunlight then radiates it to the interior of the house.

El pavimento de la casa, realizado con hormigón, es un refuerzo al suelo radiante, pues este material tiene una gran inercia térmica: acumula calor durante las horas de sol y lo transmite al interior de la vivienda.

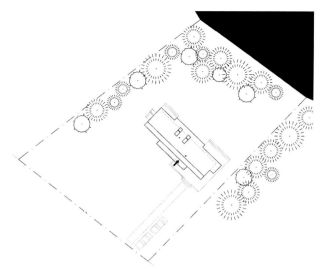

Site plan / Plano de la parcela

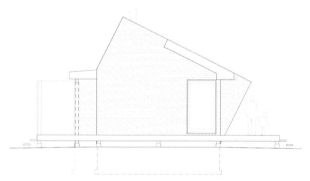

Cross elevation/ Alzado transversal

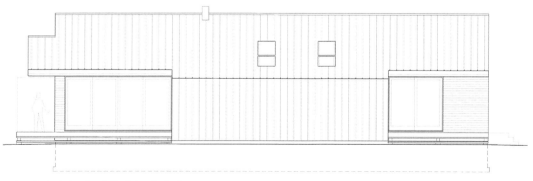

Longitudinal elevation / Alzado longitudinal

The project perpetuates the identity and character of the surroundings, in which nature plays a major role, on an appropriate scale composed of small spaces. Purpose-specific dimensions for the use to be given to the residence make it easier to insulate, light and keep clean.

Unas medidas adecuadas al uso que se dará a la residencia hacen más fácil el acondicionamiento, la iluminación y la limpieza. El aislamiento Batt se ha reforzado con una barrera de vapor que lo protege de la condensación de agua que provoca la oscilación de temperaturas entre interior y exterior, y se evita así que el material se moje y pierda sus propiedades

The layout of the interior has been obtained by arranging the rooms around the central core formed by the kitchen and bathroom. Three sliding doors that can be combined in a number of ways are the only partitions on this floor. A wood stove completes the day area. The side elevation illustrates the particular inclination of the roof, which adapts to the path of the sun to control excessive radiation and achieve optimum thermal comfort and lighting inside.

La planta muestra la distribución de los espacios interiores, con las estancias alrededor del núcleo de la cocina y el baño. Tres puertas correderas son las únicas separaciones que existen en la planta. El alzado transversal, a la izquierda, ilustra la particular inclinación del tejado, que se adapta a la trayectoria del ángulo solar para controlar la radiación excesiva y lograr un óptimo confort térmico y lumínico en el interior.

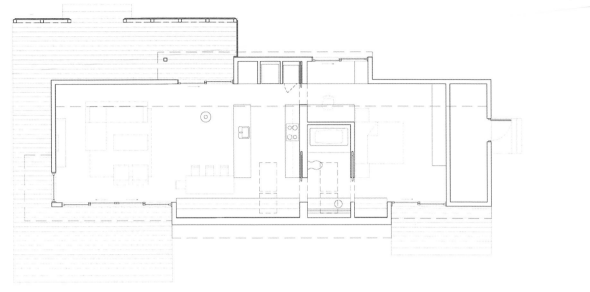

Ground plan / Planta

The interior of the property has a contemporary style. There is a predominance of grays and blacks, particularly in the floor, bathroom and kitchen furniture. The white walls and pale wooden elements create an interesting contrast that lends the decoration a certain vitality and air of modernity.

El interior de la vivienda es de estilo contemporáneo. Las ventanas, puertas y claraboyas de cristal son todas de doble vidrio relleno de gas argón, que aumenta su eficiencia térmica. Las paredes blancas potencian la luminosidad de los interiores, lo que hace posible utilizar exclusivamente luz natural durante el día.

MATAJA RESIDENCE

Santa Monica, CA, United States

Belzberg Architects
© Tim Street-Porter

Capture of the maximum amount of light thanks to the slope of the roof.

Captación del máximo de luz gracias a la inclinación del tejado.

Harvesting of rainwater to irrigate the site.

Recogida del agua de lluvia para el riego de la parcela.

Fabulous views from a rocky enclave
Espléndidas vistas desde un entorno rocoso

In the mountains of Santa Monica the weather is hot and sunny, with very little rain throughout the entire summer. The dry climate means that the place is a high-risk zone for forest fires. In winter the climate is cold and more humid, but is not known for snow, save in exceptional cases, as the highest peak is only 950 m.

Mataja Residence is located high up on a rocky enclave, which has had a profound influence on the design of the building and the approach to the house program. The model of a typical California courtyard house was taken as the starting point for the project, albeit with modifications due to the large rock formations on the site, which have been integrated inside the house in a very original and skilful fashion. Furthermore, the rocks protect the courtyard from strong winds and offer privacy. The courtyard provides a focal spot from which the rest of the house radiates, occupying an area of 418 m².

The house, divided into various spaces, has a fragmented appearance, lending it a highly dynamic air in spite of its large dimensions. The type of coverings used accentuate this sensation. The metal roofs not only make the construction more resilient but also give it a modern touch. A studied 32-degree incline allows it to capture the maximum amount of light and facilitates the harvesting of rainwater. There are some water tanks for storing rainwater for irrigation purposes. Together with the choice of local vegetation that does not require much water, these elements have generated outdoor areas that are self-sufficient.

En las montañas de Santa Mónica se disfruta de un tiempo soleado, cálido y poco lluvioso durante todo el verano. Este clima seco hace de este lugar una zona de alto riesgo de incendio forestal. En invierno el clima es más húmedo y frío, pero tampoco destaca por la nieve, salvo casos excepcionales, ya que el pico de mayor altura tiene solo unos 950 m de altura.

La residencia Mataja se encuentra en un terreno rocoso y elevado que ha condicionado profundamente el diseño de la construcción y el planteamiento del programa de la vivienda. Como punto de partida se tomó el modelo de una típica casa patio californiana, aunque con modificaciones a causa de las grandes rocas presentes en la parcela, que se han integrado con gran originalidad y acierto en el interior de la casa. Además, las rocas protegen el patio del viento fuerte y le proporcionan intimidad. Este patio es el espacio central a partir del cual se articula el resto de la vivienda, de 418 m².

La casa parece fragmentada, dividida en múltiples espacios, lo que le otorga mucho dinamismo a pesar de sus grandes dimensiones. El tipo de cubiertas que se ha instalado acentúa esta sensación. Los tejados metálicos, además de dar resistencia a la construcción, aportan un aire de modernidad. Una estudiada inclinación de 32 grados permite captar el máximo de luz y facilita la recolección del agua de la lluvia, que se almacena en unos depósitos para su posterior aprovechamiento como agua de riego. Esto, unido a la elección de una vegetación autóctona que no necesita mucha agua, ha generado unos espacios exteriores autosuficientes.

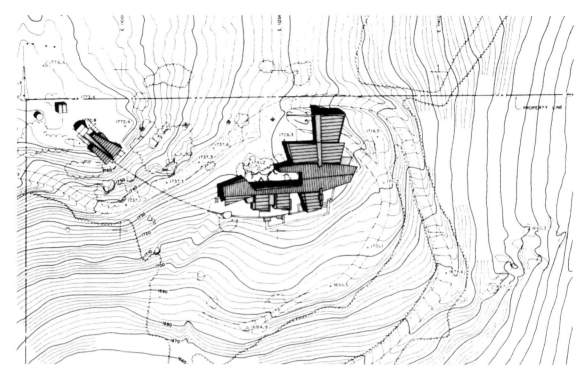

Site plan / Plano de situación

Thanks to an exhaustive study of the terrain and setting, a residence emerged with its different areas nestling between the rock formations, as an integrated natural prolongation of the landscape. The huge rocks have been integrated very skilfully inside the property, with hardly any disruption of the landscape.

Tras un estudio exhaustivo del terreno y del entorno, se ha diseñado una residencia cuyos espacios se disponen entre las formaciones rocosas y se adaptan de forma natural al paisaje. Con una gran habilidad, las grandes rocas se han integrado en la vivienda y se ha conseguido una menor alteración del medio natural.

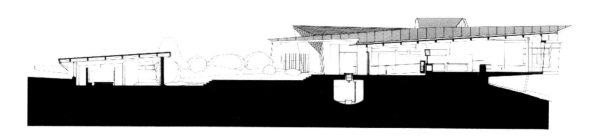

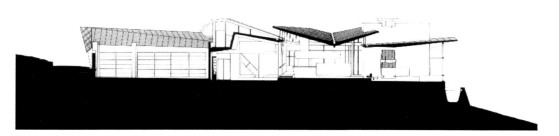

Sections / Secciones

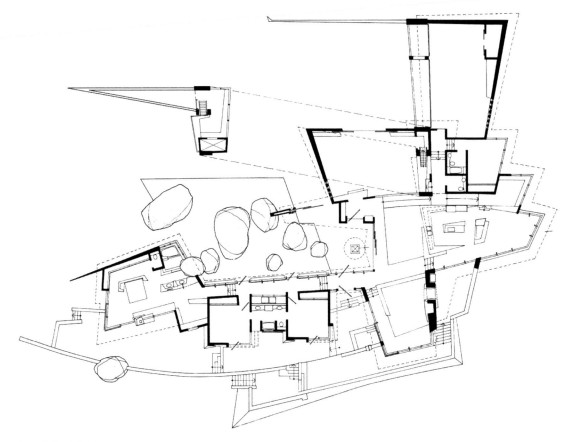

Ground plan / Planta

The sections show the exact angle of the roofs which collect rainwater. A courtyard has been formed from the rocks of the site so as not to ruin the environment, this can also be seen in one of the sections.

Las secciones nos muestran la inclinación exacta de los tejados que recogen el agua de la lluvia. Al mantener las rocas de la parcela para no destruir el entorno se ha formado un patio, que también se aprecia en una de las secciones.

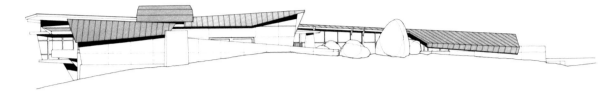

East elevation / Alzado este

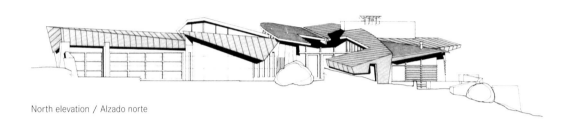

North elevation / Alzado norte

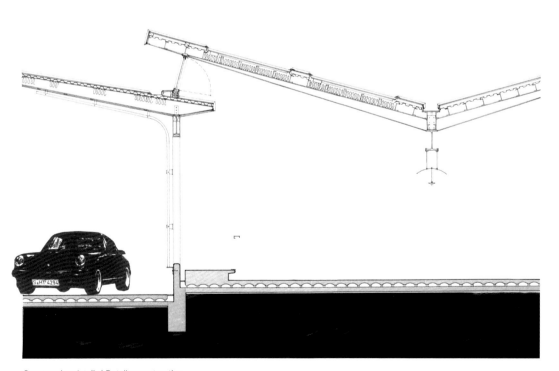

Construction detail / Detalle constructivo

The openings in the façades and the presence of the courtyard enable the house to be properly ventilated. The vegetation of the outdoor areas is not exaggerated—quite the contrary, since various types of cacti can be seen. Finding the appropriate vegetation for the natural environment respects the typical ecosystems of the area.

Las aberturas en las fachadas y la presencia del patio permiten una ventilación correcta de la residencia. La vegetación de los espacios exteriores no es exagerada, al contrario, se pueden apreciar cactus de varios tipos. La adecuación de la vegetación al entorno natural respeta los ecosistemas propios de la zona.

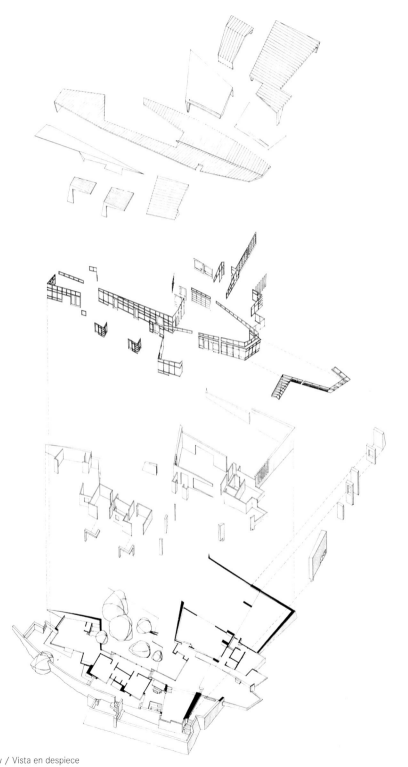

Exploded view / Vista en despiece

The aim was to build a second home where the owners could escape from their urban lifestyle and take refuge in a more isolated setting to entertain family and friends. Apart from the residence itself, the house also has an addition with a garage, a guest house and a spa.

El objetivo era construir una segunda residencia donde los propietarios pudieran escapar del estilo de vida urbano y refugiarse en un entorno más aislado para recibir a amigos y familiares. Además de la vivienda principal, la casa cuenta con un anexo donde se ubica un garaje, una casa de invitados y un *spa*.

The home's thermal insulation is achieved thanks to the concrete walls and flooring made from slabs of the same material. The concrete retains the heat from the sun, because of its physical properties, and passes it to the interior of the house at night, thereby making savings on heating. Due to the structure of the building, it was possible to use glass in 67% of the interior, making much better use of the natural light. The large expanses of glass offer impressive views of the landscape surrounding the house.

El aislamiento térmico de la casa se consigue mediante paredes de hormigón y un suelo de losas del mismo material. El hormigón, por sus propiedades físicas, retiene el calor del sol y lo desprende en el interior de la casa durante la noche, lo que ahorra en consumo de calefacción. Debido a la estructura de la construcción se ha podido utilizar el cristal en el 67% del espacio interior, con lo que se aprovecha mucho más la luz natural. Las grandes cristaleras permiten disfrutar del impresionante paisaje que rodea la vivienda.

LOVELY LADIES WEEKENDER

Walkerville, VIC, Australia

Marc Dixon
© Lucas Dawson

Rainwater collection tanks.

Tanques de recogida de aguas pluviales, filtrado de las aguas residuales.

Cross ventilation and orientation of the house to take advantage of daylight hours.

Ventilación cruzada y orientación de la casa para aprovechar las horas de sol.

A retreat to escape from daily routine
Un refugio para escapar de la cotidianidad

Three friends decided to build themselves a weekend home on the coast. Their projects were based on cost containment and sustainability criteria. Initially, the owners did not think of hiring an architect, assuming such services would not meet the constraints of their budget. Finally, they contacted the architect Marc Dixon, who accepted the challenge offered by his clients.

One of the first things required was to leave as small a footprint as possible on the site, which is located in an area reserved for holiday homes, with very limited infrastructure. The town has no definable centre, there are virtually no shops, and there is no running water or sewage. 80% of the site is covered with remnant bushland—indigenous shrubs and plants. The property is some 800 meters from the beach with its boundary abutting on to rural land. Design considerations have mainly concerned issues of an environmental nature. It was necessary to increase the density of the vegetation, which also needed to provide more privacy for the lowest level of the house.

To achieve a low-cost home, construction techniques needed to be simple. The structure had to be lightweight and it was necessary to look at simple solutions for the cladding. The availability of local building materials was also considered. In addition, tanks were installed to harvest rainwater. The material used to clad the house and tanks consists of prefabricated corrugated sheet metal, which is widely used in the area.

Tres amigas decidieron construirse una casa de fin de semana en la costa. Sus proyectos se basaban en la contención de costes y en criterios de sostenibilidad y de no agresión al medio ambiente en la concepción del edificio. En un principio las propietarias no quisieron contratar a un arquitecto, pues pensaban que no podría ajustarse a su presupuesto. Finalmente, se pusieron en contacto con el arquitecto Marc Dixon, que aceptó el reto de las clientas.

Una de las primeras actuaciones consistió en conseguir una mínima huella en la parcela. Esta se encuentra en un área reservada para casas de recreo y cuenta con una infraestructura muy limitada; la población no tiene centro urbano, no existen casi tiendas y no hay ni agua corriente ni alcantarillado. El 80% de la parcela está cubierta por un remanente de monte bajo: arbustos y plantas de origen local. La propiedad está a unos 800 m de la playa y su límite colinda con terrenos rurales.

Las consideraciones del diseño son, sobre todo, de tipo medioambiental. Se debía aumentar la cantidad de vegetación, la cual debía proporcionar, además, más privacidad para la planta. La vegetación que rodea una vivienda construida según criterios de sostenibilidad debe ser siempre autóctona. Así, se favorece el ecosistema y flora y fauna se desarrollan sin sufrir alteraciones. La vegetación refresca el ambiente durante las épocas más cálidas y ayuda a purificar el aire. Además, las características del terreno se aprovecharon para instalar unos sistemas de drenaje y purificación de aguas residuales que proporcionan agua potable. Estos sistemas emplean plantas autóctonas para tratar las aguas que provienen del uso doméstico. Se utiliza un sistema basado en humedales artificiales de uso subsuperficial.

Para conseguir una residencia de bajo coste las técnicas de construcción debían ser simples. La estructura debía ser ligera y hubo que estudiar soluciones sencillas para el revestimiento. Se consideró también la disponibilidad de materiales locales para la construcción. Además, se instalaron unos tanques de recolección de agua de lluvia para uso doméstico.

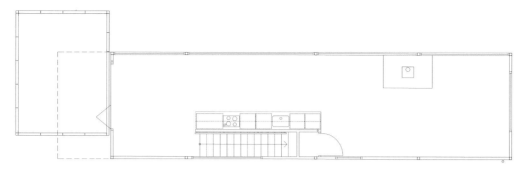

First floor / Primera planta

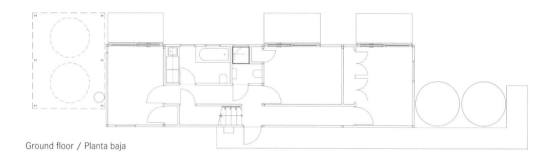

Ground floor / Planta baja

The ground plan of the house is long and narrow— with a maximum width of 4 m—and needs to fit into the space available. This shape maximizes the hours of daylight and facilitates cross ventilation, two of the most important passive systems used for obtaining adequate insulation inside a home. The top floor fully exploits the potential views of the surroundings. The longitudinal axis of the building is perpendicular to the north, thereby achieving excellent orientation to the sun in the southern hemisphere.

La planta de la residencia es alargada y estrecha —no tiene más de 4 m de ancho— para aprovechar al máximo las horas de sol y facilitar la ventilación cruzada, uno de los sistemas pasivos más importantes que existen para conseguir una correcta climatización del interior de una vivienda. La planta superior explota todo el potencial de las vistas que la rodean. El eje longitudinal es perpendicular al norte, con lo que se consigue una excelente orientación para el sol del hemisferio sur.

The narrow, orthogonal layout was designed to minimize costs and reduce the waste normally generated in the building process. Another cost-saving measure is the use of prefabricated materials. For example, for the finishes on the external cladding, prefabricated metallic edges were used.

La planta ortogonal y estrecha se ideó para reducir los costes y los desperdicios propios del proceso de construcción. Otra solución para ahorrar costes es el uso de materiales prefabricados. Por ejemplo, para los acabados del revestimiento se utilizaron unos cantos prefabricados de metal.

The house is located on a wooden structure that also forms the patio on the ground floor. A balcony has been constructed on the floor above, with views that can be enjoyed from the dining room. The tanks used to store the rainwater and the cladding on the house are made of Colorbond®, steel sheeting in a variety of colors.

En el nivel superior se ha construido un balcón con vistas al que se accede desde el comedor. Los tanques que almacenan el agua y el revestimiento de la casa son de Colorbond®, unas láminas de acero coloreadas que tienen un aislamiento termal y una capacidad para reflejar el sol que consiguen reducir la carga de calor soportada por los edificios. Se ahorra así en refrigeración.

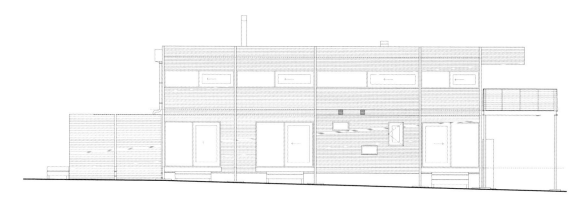

Longitudinal elevation / Alzado longitudinal

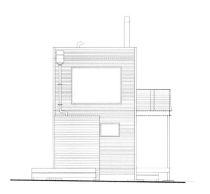

Cross elevation / Alzado transversal

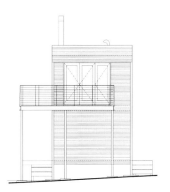

Cross elevation / Alzado transversal

Alternative ideas for dwellings

Underground buildings and caves were the first homes that gave shelter to man in prehistoric times. Architecture has evolved considerably since then, and even prefabricated buildings are now an option. These are quick to build and highly efficient in all aspects. However, some things have not changed, such as the high quality of earth and stone as building materials owing to their excellent climatic behaviour and thermal inertia.

In addition, cave houses and underground houses have an ability to blend into the surrounding environment, thus causing a low visual impact. Following this philosophy, certain architectural trends are emerging that address the question of building in resonance with nature, not against it, and trying to ensure the interference of buildings is as low as possible.

Ideas para hogares alternativos

Las construcciones soterradas y las cuevas fueron de las primeras viviendas que dieron cobijo al hombre en la prehistoria. La arquitectura ha evolucionado mucho desde entonces hasta alcanzar las actuales construcciones prefabricadas, que se caracterizan por su rapidez de edificación y por su elevada eficiencia en todos los aspectos. Sin embargo, hay cosas que permanecen inalteradas, como la gran calidad de la tierra y de la piedra como materiales de construcción debido a su buen comportamiento climático y a su inercia térmica.

Además, tanto las casas cueva como las viviendas soterradas se caracterizan por su capacidad para camuflarse en el entorno que las rodea, causando así un bajo impacto visual. Siguiendo esta filosofía, están naciendo corrientes arquitectónicas que tratan, precisamente, de construir con la naturaleza y no contra ella y que intentan que las edificaciones pasen lo más desapercibidas posible.

Prefab housing

Viviendas prefabricadas

Most of the products we consume or own have been made in a factory, and houses are no longer an exception. Prefab buildings are on the up-and-up because of their many advantages and ever-improving features. Their popularity is mainly due to their low cost and speed of construction (between six and eight months). However, they also have their advantages from an environmental perspective. Because much of the construction process take place in a factory, the use of materials and energy is optimized and minimized. Moreover, during this process, less waste is generated, and the low amounts of waste that are generated end up in recycling containers.

La mayoría de los productos que consumimos o poseemos han sido creados en una fábrica, y las viviendas ya no son una excepción. Las construcciones prefabricadas o industrializadas no paran de ganar protagonismo por sus múltiples ventajas y sus cada vez mejores prestaciones. Su implantación se debe, principalmente, a su menor coste económico y a su rapidez de construcción (entre seis y ocho meses). Además son ventajosas desde el punto de vista medioambiental. Como gran parte del proceso se realiza en una fábrica, se optimiza y se minimiza el uso de materiales y energía. También se generan menos residuos, y los pocos que se producen acaban en contenedores de reciclaje.

There is also the fact that virtually the only work carried out onsite is the connection of the different parts. This avoids stirring up a lot of dust pollution, which not only benefits the environment but also the workers and neighbors that have to live with the works.

El hecho de que prácticamente el único trabajo que se realiza en la obra sea la unión de las diferentes piezas evita muchas emisiones de polvo, lo que no solo es bueno para el medio ambiente, sino también para los trabajadores y los vecinos que sufren las obras.

Within the prefab homes sector there are different building systems. One that is currently gaining popularity is modular building. This consists of different three-dimensional modules fully finished in the factory and fitted with their systems and installations. These modules are transported to the site, where they are joined together or stacked against each other to form the final building.

Dentro del sector de las viviendas prefabricadas o industrializadas hay distintos sistemas de construcción. Uno de los que está cobrando más fuerza es el de la edificación modular. Consiste en distintos módulos tridimensionales que salen de fábrica totalmente acabados y con su equipamiento e instalaciones. Estos módulos son transportados hasta la obra, donde son juntados o apilados los unos con los otros para acabar conformando el edificio.

These small student apartments in Zwolle, the Netherlands, have been built using recycled shipping containers.

Pequeños apartamentos para estudiantes en Zwolle (Países Bajos) que han sido construidos con viejos contenedores de mercancías.

The final appearance of a home built with the modular building system is similar to that of a home built using other methods. In fact, there are modular houses that you would need to be an expert to differentiate them from a conventional one. The people that do notice the difference are the owners or the tenants, who benefit from shorter lead times, lower prices, and the quality of the property. Not forgetting that prefabrication means that a specialist workforce is employed, working in stable conditions and adhering to rigorous quality controls.

El aspecto final de una vivienda construida con el sistema de edificación modular puede ser similar al de una casa construida con otros métodos. Hay casos en los que habría que ser un experto para diferenciarlas. Sin embargo, los que sí notan la diferencia son los propietarios o los inquilinos, que se benefician de los cortos plazos de producción, del menor precio y de la calidad del inmueble. No hay que olvidar que la prefabricación permite trabajar con mano de obra especializada, que opera en condiciones estables y con controles de calidad rigurosos.

Living underground

Vivir bajo tierra

Although this dwelling is not particularly widespread, underground homes have many advantages. Being below the surface, their average temperature is more constant and warmer than those above the earth: they are warmer in winter and cooler in summer. The ground is also a good insulating material, with high thermal inertia. That is, once the desired comfort temperature is achieved, it is maintained for a longer time. Another advantage is their robustness against inclement weather or atmospheric phenomena.

Aunque son una opción poco extendida, las viviendas soterradas presentan múltiples ventajas. Al estar bajo tierra, su temperatura media es más constante y suave que la del exterior: en invierno hace menos frío y en verano no hace tanto calor. Por otro lado, la tierra es un buen material aislante y tiene una gran inercia térmica. Es decir, una vez conseguida la temperatura de confort deseada, esta se mantiene durante más tiempo. Otro punto fuerte es su robustez ante cualquier fenómeno atmosférico.

This historic building in Yan'an, a Chinese city located in the Loess Plateau considered to be the cradle of the country's communist revolution.

Edificación histórica en Yan'an, ciudad china ubicada en la meseta de Loess que se considera la cuna de la revolución comunista del país.

Their main disadvantage is problems related to damp, light and ventilation. A good waterproofing of walls, floors and ceilings solves the first problem. Solar tubes and a sun-facing orientation solve lighting problems. For ventilation, there are several options, such as building an internal courtyard, a solar chimney or a windcatcher.

La principal desventaja son los problemas relacionados con la humedad, la luz y la ventilación. Una buena impermeabilización de paredes, suelo y techo resuelve el primer problema. Los tubos solares y orientar la fachada principal hacia el sol solucionan los problemas de iluminación. Para la ventilación, existen varias opciones, como construir un patio interior o instalar una chimenea solar o una torre de viento.

The architect Peter Vetsch built in Dietikon (Zurich), this residential complex consisting of nine houses, all covered by earth and vegetation.

El arquitecto Peter Vetsch construyó en Dietikon (Zúrich, Suiza) este complejo residencial formado por nueve viviendas, todas ellas cubiertas con tierra y vegetación.

Cave houses

Casas cueva

Caves have been the dwellings most used by man throughout history. However, man did not only live in them in prehistoric times: they have stood the test of time as a dwelling option, and it is easy to find modern-day examples in areas such as southern Spain, Cappadocia in Turkey, or the Loess Plateau in China. Cave houses today have the same comforts as conventional homes. Their distinguishing feature is that they are built dug into a rock, so that the rock becomes the floor, the wall and the ceiling. Their strong point is their good interior temperatures because the high thermal inertia of the stone increases the thermal comfort of the home.

Las cuevas han sido las moradas más utilizadas por el hombre a lo largo de la historia, pero no solo vivían en ellas los prehistóricos, sino que su uso ha logrado superar el paso del tiempo y es fácil encontrar ejemplos contemporáneos en zonas como el sur de España, la Capadocia (Turquía) o la meseta de Loess (China). Las casas cueva de hoy en día cuentan con las mismas comodidades que una vivienda corriente. Su rasgo diferencial es que se construyen ganando terreno a una roca, así que la piedra hace las funciones de suelo, pared y techo. Su punto fuerte es su buen comportamiento climático, puesto que la gran inercia térmica de la piedra contribuye al confort térmico del hogar.

The geographic areas most suitable for building a cave house are those with extreme temperatures, low rainfall and a soft sedimentary soil, allowing excavation, yet compact enough to ensure the strength and impermeability of the house to prevent leakage and damp.

Las áreas geográficas más adecuadas para construir una casa cueva son aquellas con temperaturas extremas, precipitaciones bajas y un terreno sedimentario y blando, que posibilite la excavación, pero a la vez compacto para garantizar la solidez y la impermeabilidad de la casa y evitar filtraciones y humedades.

A cave house in the district of Sacromonte in Granada, southern Spain, where most of the homes are built into the rock.

Casa cueva del barrio del Sacromonte, en la ciudad de Granada (sur de España), donde hay numerosas viviendas construidas en rocas.

Tree houses

Vivir en un árbol

A tree is undoubtedly one of the most idyllic places to live. However, this is a rather alternative option that requires more skills that one might initially think. No two trees are alike and, therefore, each project is different; although there are some general rules. Firstly, not just any tree will do: it has to be strong enough to form a part of the house's structure. Before starting to design and build the house, the height, the shape of its branches, the strength, the species, its growth rate and so on must be analysed. After that, the only limit is your imagination. But not everything goes. We must always strive to minimize damage to the tree and prevent long-term harm to it.

Un árbol es, sin duda, uno de los lugares más idílicos donde vivir, pero se trata de una opción bastante alternativa y que requiere más técnica de lo que puede parecer. No hay dos árboles iguales y, por tanto, cada proyecto es diferente, aunque sí hay ciertas normas generales. En primer lugar, no vale cualquier árbol: tiene que ser lo suficientemente fuerte para ser parte de la estructura de la vivienda. Antes de empezar a diseñar y a construir, es necesario analizar la altura, la forma de sus ramas, la resistencia, la especie, la velocidad de crecimiento y un largo etcétera. A partir de aquí, el límite es la imaginación. Pero no todo vale, hay que procurar siempre minimizar los daños al árbol y evitar que los haya a largo plazo.

Building a tree house does not automatically make this a more or less sustainable home. That depends on the design, the building materials, and, particularly, the use made of it by the inhabitants.

Construir una casa en un árbol no implica que esta sea más o menos sostenible. Eso dependerá de su diseño, de los materiales de construcción y, especialmente, del uso que sus habitantes hagan de ella.

Camouflaged homes

Viviendas camufladas

The architecture of ostentation and hallmark buildings which, in most cases, does not take into account every last detail in the surroundings is giving way to new trends. Buildings are becoming more modest, but also more sustainable and environmentally friendly. One of these architectural trends is camouflaged housing. The goal is to leave the smallest footprint possible and enhance the landscape.

La arquitectura de la ostentación y de los edificios icono, en la mayoría de los casos construidos sin tener en cuenta lo más mínimo su entorno, está dando paso a nuevas corrientes. Se trata de construcciones más modestas, pero también más sostenibles y respetuosas con el medio ambiente. Una de estas corrientes arquitectónicas es la de las viviendas camufladas, que aspiran a pasar inadvertidas. El objetivo es dejar la menor huella posible y darle valor al paisaje.

To pass unnoticed, these buildings make use of materials from the immediate environment and take advantage of -slopes, terraces and forests to become an integral part of the land. Many of them have roof gardens planted with vegetation and have more organic forms, like those found in nature. But, above all, the most important factor here is that the building process should have the least possible impact on the environment.

Para pasar inadvertidas, estas edificaciones se sirven de materiales procedentes del entorno más inmediato y aprovechan pendientes, bancales o bosques para integrarse en el terreno. Muchas de ellas cuentan con cubiertas ajardinadas, en las cuales se planta vegetación de la zona, y tienen formas más orgánicas, como las que se encuentran en la naturaleza. Lo más importante es que el proceso de construcción afecte lo menos posible al medio.

ROCHEDALE HOUSE

Brentwood, CA, United States

Ray Kappe
© Living Homes, Gregg Segal, Valcucine

Renewable, recyclable, non-toxic and
locally sourced materials.

Materiales renovables, reciclables, no
tóxicos y de origen local.

Faucets with water-saving systems.

Grifos con sistemas de ahorro de agua.

Sustainability as a target for prefabricated housing
La sostenibilidad como objetivo de las viviendas prefabricadas

Living Homes is a company specializing in prefabricated homes that uses a steel structure allowing for a multitude of different layouts and finishes. Rochedale House, designed by Ray Kappe, is a perfect example of integration between architecture and mass construction. The architectural firm is strongly committed to the ideals of energy efficiency and environmental responsibility. Sustainable architecture has formed the focus of their professional practices for the past 20 years, and whenever possible, they work according to the LEED green building rating system.

The firm seeks to create smart buildings based on passive designer systems, such as a natural heat-monitoring system harnessing the house's orientation, thermal mass, etc. In addition, it also incorporates some active systems like photovoltaic panels. Amongst its objectives, the firm seeks to reduce the environmental impact, work with natural materials and preserve and reuse natural resources.

The house is located in Crestwood Hills, an area of contemporary residences in Los Angeles, and forms part of the housing design with large expanses of glass that blur the boundaries between the interior and exterior of the building.

Since it is a prefabricated building, the structure of the house can be erected in just three days. Apart from this new assembly system, the levels of environmental quality achieved have been recognized by the prestigious Leadership in Energy and Environmental Design (LEED) rating system. The association of the manufacturer with the recycling companies will enable 76% of the materials used in the construction and assembly of the building to be reused when it reaches the end of its useful life. The house will therefore be dismantled instead of being demolished, which generates far more waste.

Living Homes es una empresa especializada en casas prefabricadas que utiliza una estructura de acero que permite múltiples distribuciones y diferentes acabados. La casa Rochedale, diseñada por Ray Kappe, es un ejemplo perfecto de integración entre arquitectura y construcción en serie. La firma está comprometida con los ideales de la eficiencia energética y la responsabilidad medioambiental. La arquitectura sostenible es el eje de su práctica desde hace 20 años y trabajan según los estándares LEED de construcción y diseño.

La firma crea edificios inteligentes basados en sistemas pasivos de diseño, como un control natural del calor a partir de una buena orientación, la masa termal, etc. Además, incluye sistemas activos como paneles fotovoltaicos. Sus objetivos son reducir el impacto ambiental, trabajar con materiales naturales y preservar y reutilizar los recursos naturales.

La casa está situada en Crestwood Hills, una zona de residencias contemporáneas de Los Ángeles, y se integra en el estilo de casas de grandes superficies acristaladas que difuminan los límites entre interior y exterior. Al tratarse de una construcción prefabricada, la estructura de la casa puede montarse en tan solo tres días, lo que reduce las emisiones de CO_2 que genera la construcción. Además de este nuevo sistema de montaje, los niveles de calidad medioambiental conseguidos han sido reconocidos por el prestigioso sistema de certificación LEED (Leadership in Energy and Enviromental Design).

Además, la asociación del fabricante con las empresas de reciclaje de material permitirá que el 76% de los materiales usados en la construcción y montaje de la vivienda sean reutilizados al llegar el final de su vida útil. De esta manera la casa será desarmada en lugar de demolida, lo que generaría muchos más residuos.

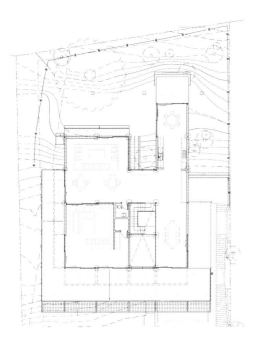

Second floor / Segunda planta

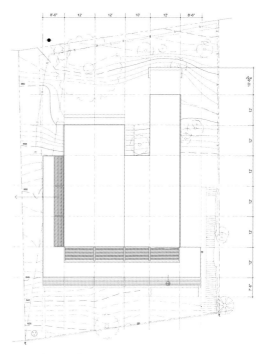

Roof level / Planta de la cubierta

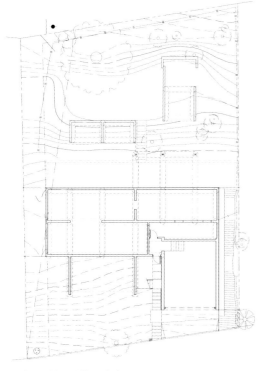

Ground floor / Planta baja

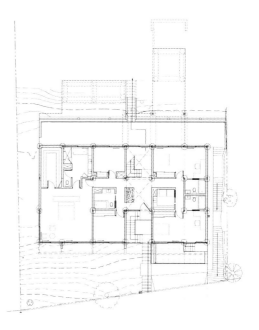

First floor / Primera planta

The prefabricated modules have been mounted on top of reinforced concrete and blocks of cement, which are good thermal mass materials. This type of modular construction has made it easier to adapt the building to the orthogonal layout of the site. The use of floor-to-ceiling windows allows for visual communication with the outside of the house.

El uso de las ventanas desde el suelo al techo permite una comunicación visual con el exterior de la casa. Los cristales son de baja emisividad (low-e), lo que permite mantener el calor dentro de la casa. Esto mejora en un 35% su capacidad de aislamiento térmico.

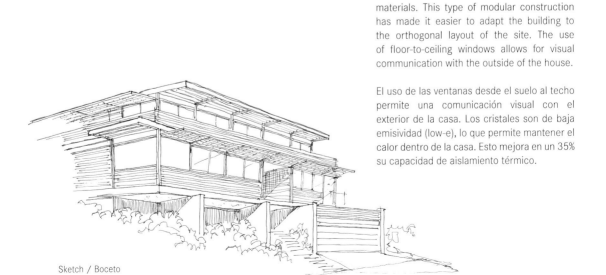

Sketch / Boceto

The modules are distributed over three levels that have been adapted to the terrain. The lowest level houses the garage and amenities. The bedrooms and bathrooms are on the middle floor. Communal areas have been incorporated upstairs on the top floor, namely, an open plan kitchen, dining area, living room, media room and the veranda.

Los módulos se distribuyen en tres niveles que se han adaptado al terreno. El nivel más bajo alberga el garaje y los servicios. En el medio se encuentran los dormitorios y los baños. En la planta superior se han instalado las zonas comunes, es decir, la cocina abierta, el comedor, el salón, la sala multimedia y la terraza.

The prefabricated steel structure is visible from the communal areas. Here it is used to divide up the spaces just like screens. The steel and aluminum are recycled, the glazing is manufactured partly using reclaimed glass, and the wood comes from a certified source and has been treated with natural varnishes.

El acero y el aluminio son reciclados, el cristal está fabricado parcialmente con de vidrio reciclado, y la madera proviene de una fuente certificada y ha sido tratada con barnices naturales. El sistema LEED mide diferentes parámetros para que una construcción reciba la certificación de sostenible y ecológica. Por ejemplo, la reducción de hasta un 50% de agua para los jardines, del 20-30% de agua de consumo, la proporción de materiales reciclados o reciclables utilizados en la construcción, si estos son locales, etc.

Energy savings amounting to more than 36% of the standard ratings have been made thanks to the measures implemented to achieve a reduction of the impact on the environment, air quality inside the building, savings in energy made from thermal insulation, solar protection, and renewable energy systems, for which it has earned the category of a LEED Gold rating.

El ahorro de energía asciende a más del 36% de las calificaciones estándar: posee sistemas de energía renovable (paneles fotovoltaicos), luces de led, electrodomésticos de bajo consumo y grifos con sistemas de control del caudal de agua; la calidad del aire interior ha mejorado debido a la ausencia de elementos químicos en pinturas y barnices, se ahorra energía gracias al aislamiento termal, la protección solar de los cristales, y los elementos de sombreado climatizan la vivienda de forma pasiva. Por lo cual ha merecido la categoría de certificación LEED Gold.

The sections show the interior spaces of the house and the different levels. The elevations present openings and windows with low-emission glass and certified wood cladding.

Las secciones muestran los espacios interiores de la casa y los diferentes niveles. Los alzados descubren dónde hay aberturas y ventanas de cristal de baja emisión y dónde revestimiento de madera certificada.

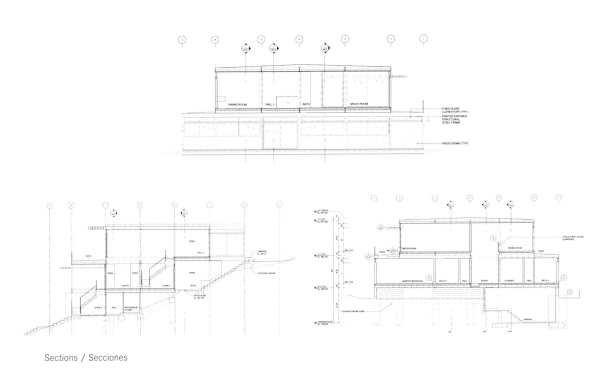

Sections / Secciones

Elevations / Alzados

The Valcucine kitchen has also been designed according to sustainability criteria: recycled materials, wood that comes from controlled cultivation, non-toxic paints, etc. Electrical appliances, such as the washing machine, are highly efficient.

La cocina, de la firma Valcucine, también se ha diseñado siguiendo criterios de sostenibilidad: materiales reciclados, madera que proviene de cultivos controlados, pinturas a base de productos no tóxicos, etc. Los electrodomésticos, como la lavadora, son de máxima eficiencia.

CASA FLOTANTE

Puntarenas, Costa Rica

Benjamin Garcia Saxe
© **Andres Garcia Lachner**

The tiles act as a rainwater collection and distribution system.

Los tejados recogen y aprovechan el agua de la lluvia.

Minimum enviromental impact.

Mínimo impacto ambiental.

Tree house
Vivienda en los árboles

The ideal solution to a thorny problem in the heart of the Costa Rican jungle? Build on a steep slope. Disregarding the traditional solution (land levelling and retaining walls), the architects elevated the house on light pillars. The result combined maximum environmental integration and minimum environmental impact... and some unique views over the Pacific Ocean.
The property consists of three wood-tile clad modules, connected by bridges and walkways and arranged in stages to maximise the views.

Bellísima solución a un problema espinoso en el corazón de la selva de Costa Rica: construir en una escarpada ladera. Desechando la solución tradicional (nivelar la tierra, muros de contención), el estudio levantó la casa sobre unos pilares ligeros. El resultado: máxima integración con el entorno, mínimo impacto ambiental... y unas vistas únicas sobre el océano Pacífico.
La vivienda consta de tres módulos forrados de madera de teja, dispuestos escalonadamente para asegurar las vistas y comunicados por puentes y pasarelas.

Light floods the home through bamboo "lattices" which filter the sun. The tiles act as a rainwater collection and distribution system.

La luz penetra naturalmente en la vivienda, a través de celosías de bambú que filtran el sol. Los tejados recogen y aprovechan el agua de la lluvia.

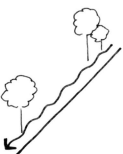

Constructive solution diagram
Diagrama de la solución constructiva

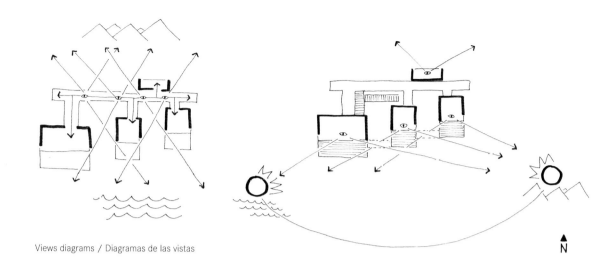

Views diagrams / Diagramas de las vistas

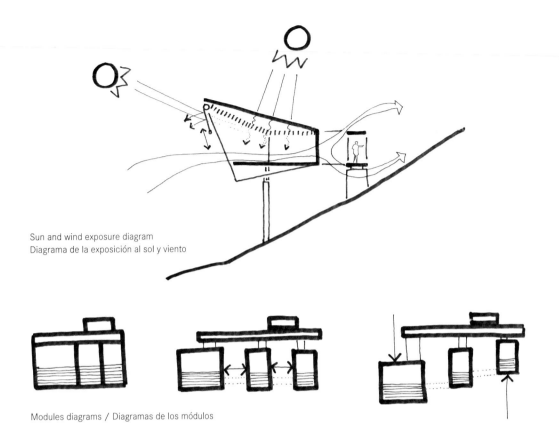

Sun and wind exposure diagram
Diagrama de la exposición al sol y viento

Modules diagrams / Diagramas de los módulos

WOOD AND STEEL HOUSE

Ranón, Asturias, Spain

Ecosistema Urbano Arquitectos
© Emilio P. Doiztua

Prefabricated materials that can be recycled and dismantled.

Materiales prefabricados, reciclables y desmontables.

Passive air-conditioning systems for the property.

Sistemas pasivos de climatización de la vivienda.

Prefabricated architecture as a means of obtaining a sustainable home
Arquitectura prefabricada como vía para conseguir una casa sostenible

Located in the rural setting of Asturias, Spain, this property represents a complete modernday overhaul of the models of architecture that are traditional in the area: raised granary and glazed gallery, use of wood in the structure and enclosure. The in- and outside are both covered with tongue and groove wooden boards.

To respect the site on which the property is located, the building was only anchored to the ground at four points, thereby achieving a compact result. The fact that this construction is prefabricated reduces the building times and waste materials that would be generated by a conventional building. The structure is formed by a prism that is distorted and displaces the southwest corner. These forms are not just a whim of the architects or the owners of the property: this design does in fact allow more sunlight to penetrate the interior. Furthermore, the upper plane of the roof leans against the hillside making it easier to evacuate rainwater. On the southern side, bathed by a large amount of sunlight, the façade is fully glazed. The bioclimatic features are guaranteed by virtually windowless façades that prevent any loss of heat. Vents are included for the entrance and exit of air on all sides of the property, so as to create cross ventilation inside the building. Thanks to such measures, which maximize the use of natural resources, the house has no heating or cooling system.

In the opinion of the architects, the house is flexible, adaptable and shareable. Its position and original geometry mean that the building is perfectly adaptable to the climate and orientation of the sun in the area. The environmental features of the project are completed by the prefabricated structure.

Ubicada en el entorno rural de Asturias (España), esta vivienda es toda una revisión contemporánea de los modelos de la arquitectura tradicional de la zona: hórreo y galería acristalada, uso de la madera en la estructura y en el cerramiento. Tanto el interior como el exterior están revestidos de tablas machihembradas de madera.

Se trata de una vivienda flexible, transformable y compartible. Su posición y su original geometría consiguen que el edificio se adapte perfectamente a la climatología y a la orientación solar de la zona. El volumen está compuesto por un prisma que se deforma y que desplaza el vértice suroeste. Estas formas no son capricho de los arquitectos: en realidad permiten un mayor soleamiento del interior. Por otro lado, el plano superior de cubierta se inclina contra la ladera y posibilita la salida de las aguas pluviales. En el lado sur, que recibe gran cantidad de luz, la fachada es acristalada. Las características bioclimáticas están aseguradas con unas fachadas casi ciegas que evitan pérdidas térmicas, pero sí existen entradas y salidas de aire en todas las orientaciones, con lo que se crea ventilación cruzada. Este recurso aprovecha las corrientes de aire que hay en la zona para refrigerar la vivienda. El aire caliente, menos denso, sube hacia la parte superior de la casa, por donde escapa a través de las ventanas. En este espacio será sustituido por el aire fresco, que estaba en la parte baja de la vivienda. Este cambio de masas de aire genera también ventilación y refrigera los interiores. Gracias a estas medidas que aprovechan al máximo los recursos naturales, la casa no precisa equipo de calefacción ni refrigeración.

En la opinión de los arquitectos, la casa es flexible, adaptable y compartible. Su posición y original geometría hacen que se adapte perfectamente al clima y la orientación solar de la zona. Las características ambientales del proyecto se completan con la estructura prefabricada.

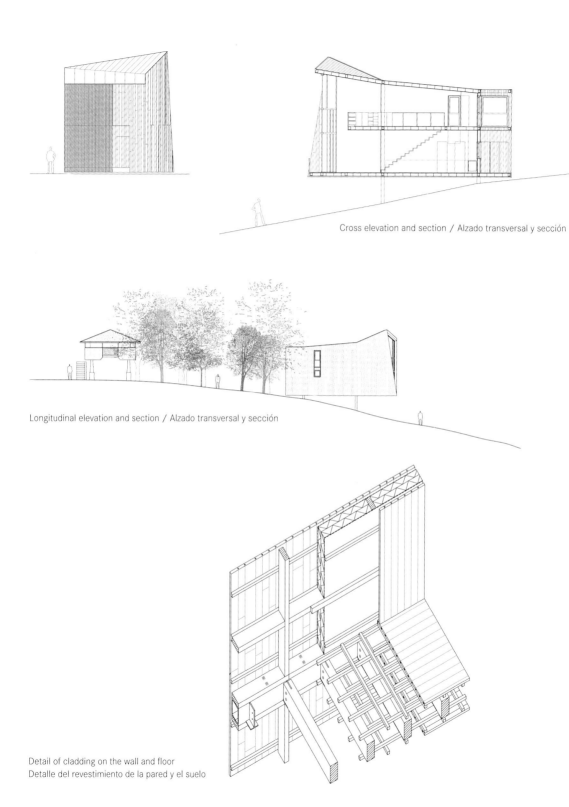

Cross elevation and section / Alzado transversal y sección

Longitudinal elevation and section / Alzado transversal y sección

Detail of cladding on the wall and floor
Detalle del revestimiento de la pared y el suelo

The structure of the building is a composite made of wood and steel. It can also be dismantled and recycled. Its walling uses a combination of two types of wood—North pine and Douglas pine —with two different widths. The outer cladding consists of tongue and groove wooden boards with a thickness of 35 mm.

La estructura del edificio es mixta, realizada a base de acero y madera. Además, es desmontable y reciclable. El cerramiento combina dos tipos de madera, pino norte y pino Douglas, con dos anchos distintos. El revestimiento exterior se ha realizado con tablas machihembradas de 35 mm de grosor.

The northern façade is protected by an anterior space and a wind-blocking lattice window. On the main façade it is possible to observe the double height of the interior, which has not been designed for reasons of space or composition, but is instead an essential bioclimatic tool for regulating the temperature of the house.

La fachada norte se protege mediante un espacio previo y una celosía cortavientos. En la fachada principal se aprecia la doble altura del interior, concebido como un dispositivo bioclimático para regular el funcionamiento térmico de la vivienda.

To respect the land where the house is located, the building is anchored to the ground at only four points, so as to achieve a compact result. The fact that this construction is prefabricated reduces the construction time and waste materials that a conventional building would generate.

Para respetar el entorno donde está emplazada, la casa se ancló al terreno solo en cuatro puntos, de manera que se consiguió un resultado compacto. El hecho de que esta vivienda sea prefabricada reduce los tiempos de construcción y los materiales de desecho que generaría una obra de edificación convencional.

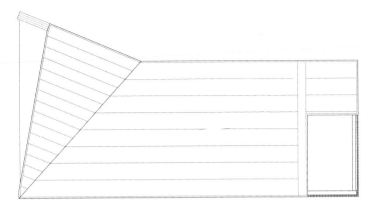

Roof level / Planta de la cubierta

The ground floor incorporates multiple uses in a single area that can be configured by users in different ways. The first floor can include up to three bedrooms.

La planta baja integra distintos usos en un espacio único que además puede ser configurado por los usuarios de diferentes maneras. La primera planta puede abarcar desde un único dormitorio hasta tres.

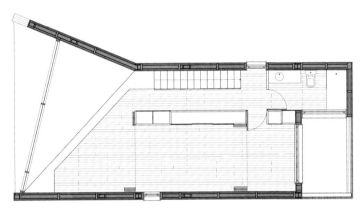

First floor / Primera planta

Rather than installing a conventional system of adjustable slats, Ecosistema Urbano Arquitectos manages to create shade by using a system of vents in various positions and combinations that act as a hygrothermal regulator that is better suited and more appropriate to the microclimate existing in the region.

En lugar de instalar un sistema convencional de lamas orientables, se ha generado sombra mediante un sistema de huecos en distintas posiciones y combinaciones que actúa como regulador higrotérmico y que se adapta mejor y más adecuadamente al microclima del lugar.

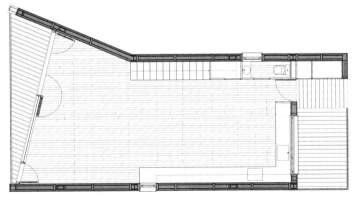

Ground floor / Planta baja

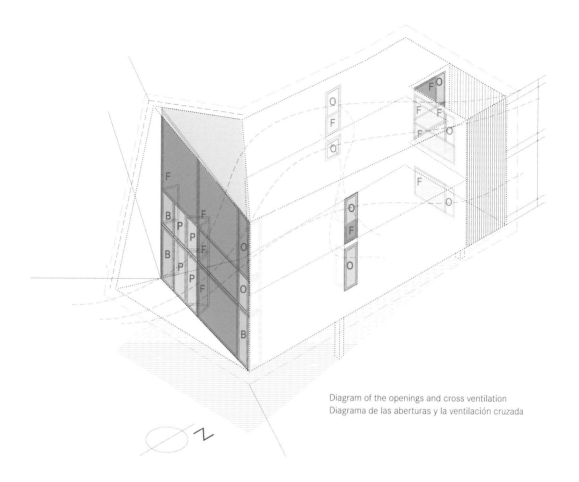

Diagram of the openings and cross ventilation
Diagrama de las aberturas y la ventilación cruzada

The top diagram illustrates the ventilation generated by the openings. The right diagram summarizes various characteristics of this construction: one of the natural materials (wood), light and heat transmission through glass façade, recuperation of traditional architectural techniques, etc.

El diagrama superior ilustra la ventilación que se genera gracias a las aberturas. El diagrama derecho resume varias de las características de esta construcción: uso de materiales naturales (madera), entrada de luz y calor por la fachada acristalada, recuperación de técnicas arquitectónicas tradicionales, etc.

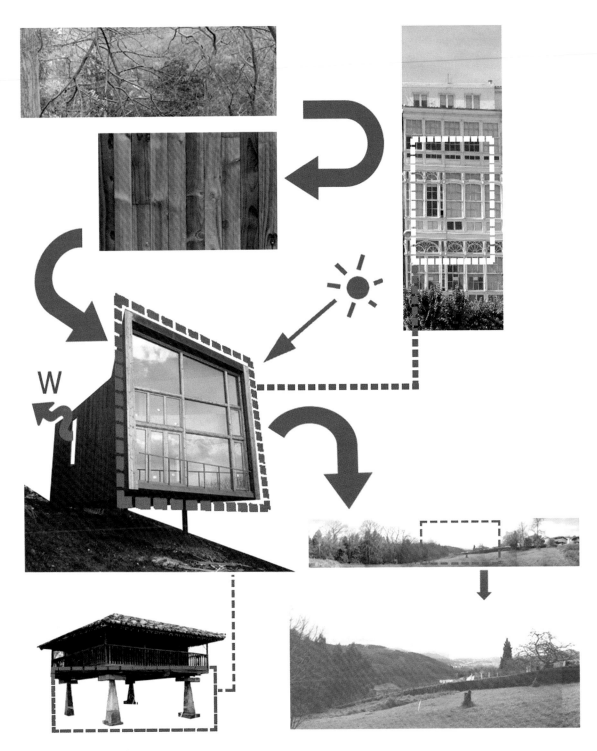

Ideogram of the house design
Ideograma del concepto de la vivienda

STANDARD HOUSE

Pszczyna, Poland
KWK Promes
© Mariusz Czechowicz

Use renewable energy.

Uso de energías renovables.

Minimum enviromental impact.

Mínimo impacto ambiental.

Characteristic cylindrical shape
Característica forma cilíndrica

Adaptability and sustainability. These are the principles that underpin Standard House, a project which was designed to be constructed in any topography and climate. Its commitment to the environment is demonstrated in several ways: designed to use renewable energy, it is built from natural materials and has very low thermal consumption thanks to its excellent insulation. Thanks to its characteristic cylindrical shape, the house is able to achieve greater thermal insulation, meaning that that heat loss from the property can be reduced to a minimum.

Adaptación y sostenibilidad. Estos son los principios sobre los que se sustenta este diseño, pensado para ser erigido en distintas orografías y climas. Su compromiso con el medio ambiente se demuestra en varios frentes: se ha diseñado para el uso de energías renovables, se construye con materiales naturales y su consumo térmico es mínimo gracias a su gran aislamiento. Gracias a su característica forma cilíndrica, se consigue un mayor aislamiento térmico. Es decir: las perdidas de calor de la vivienda se reducen al mínimo.

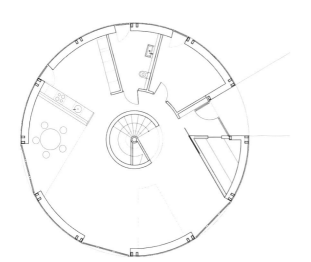

Ground floor / Planta baja

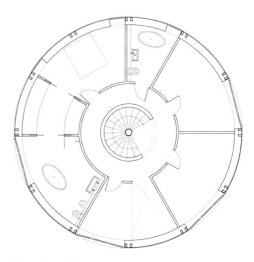

Second floor / Segunda planta

Volumetric diagrams / Diagramas volumétricos

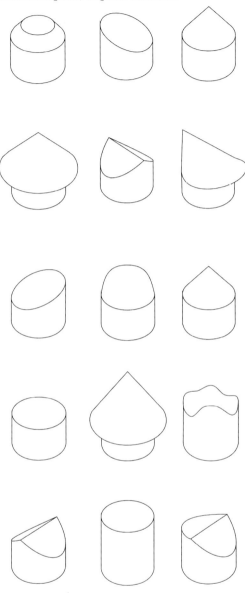

Schematic diagrams / Diagramas esquemáticos

There are several variants of roof design, allowing the property to be adapted to the climate and the traditional architecture of the area in which it is located.

Existen múltiples variantes de tejado, para que se pueda adaptar a la climatología y a la arquitectura tradicional de la zona en la que se sitúe la vivienda.

Its cylindrical shape makes this property stand out from other constructions, allowing the layout and rooms to be customised according to the needs of its inhabitants.

Su forma cilíndrica la hace destacar entre otras construcciones, al tiempo que permite personalizar el plano y las estancias según las necesidades de sus habitantes.

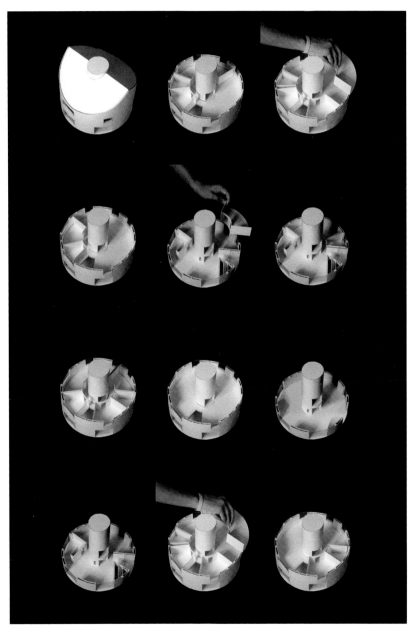

Model assembling views / Modelos de montaje

GOOD IDEAS

FOR ALTERNATIVE HOMES